出羽三山

山岳信仰の歴史を歩く

岩鼻通明
Michiaki Iwahana

岩波新書
1681

目次

はじめに——山岳信仰とは何か

『君の名は。』と山岳信仰の世界／山岳信仰とは／象徴としての「三山」／里山と端山／修験道と羽黒修験

第一章　出羽三山の歩み……15

古代　蝦夷との境界に祀られた神／中世　遍歴民としての修験者／中世の羽黒山／熊野信仰との関わり／湯殿山と常陸国／出羽三山の変遷／近世　修験者の定住化／危機の時代から隆盛へ／近代　神仏分離と山伏修行／戦後の変容

第二章　出羽三山参りと八方七口……57

信仰の広がりを考える／各地に残る出羽三山碑／八方七口の

登拝口／講・霞・檀那場／里山伏の世界／松尾芭蕉の三山参り／出羽三山の名所図会『三山雅集』／信仰の旅における循環的行程／出羽三山の道中日記を読む／参詣者数はどのくらいだったか／参詣者の年齢にみる同心円構造／千葉県に残る行人墓と供養塚

第三章　羽黒修験四季の峰……103
峰入りとは／春の峰／夏の峰／秋の峰／冬の峰

第四章　出羽三山を歩く――絵図を手がかりに……123
羽黒山を歩く／山頂の三神合祭殿へ／杉並木を下る／月山に登る／月山八合目から／肘折口へ下る／岩根沢口へ下る／本道寺口へ下る／参詣者が歩んだ六十里越街道／ブロッケン現象とご来迎／湯殿山へ下る／田麦俣から大網へ／三山一枚絵図を読む／描きこまれた女人救済儀礼／門前町手向のにぎわい／荒沢三院、水石、湯殿山／絵図の宗教景観

第五章　湯殿山と即身仏――「一世行人」の足跡をたずねて……………177
即身仏とは／近世に記録された即身仏／神仏分離と即身仏／小説『月山』に描かれた即身仏／宗教者としての一世行人／千日回峰行と湯殿山千日山籠

第六章　山岳信仰と食文化……………193
古代・中世の修験者の食文化／出羽三山の食文化／最高のふるまい、大笈酒／修験者と売薬／森の恵みと食文化

おわりに――これからの出羽三山　207

あとがき　211

主要参考文献　215

図表出典一覧

はじめに——山岳信仰とは何か

『君の名は。』と山岳信仰の世界

二〇一六年の夏から冬にかけて大ヒットした新海誠《しんかいまこと》監督のアニメ映画『君の名は。』のストーリーは、東京で暮らす男子高校生の心と地方で暮らす女子高校生の心とが入れ替わるというものである。前半は、かつて名作映画『転校生』で大林宣彦《おおばやしのぶひこ》監督が描いた世界に近いが、頻繁に生じた主人公相互の心の入れ替わりが、いったん収まる時点からストーリーは再び急展開してゆく。

女子高校生宮水三葉《みやみずみつは》の実家は宮水神社の神職であり、三葉自身も巫女《みこ》をつとめている。近年のアニメには、しばしば神社が舞台として登場し、いわゆる聖地巡礼がブームともなっている。その設定は、いささか作為的とも思えなくはないのであるが、『君の名は。』で驚いたのは、ストーリーに山岳信仰が大きく関わっていたことだった。

この神社のご神体は、山頂にある巨岩であり、その隙間に三葉は口嚙み酒を捧げる。口嚙み酒とは、唾液でお米のデンプンを糖化させて、アルコール発酵させる原始的な酒造法であるが、神社を訪れた男子高校生立花瀧《たちばなたき》がそれを口にしたことから、物語が大きく変化してゆく。この山頂に広がるカルデラ地形は、筆者の実見した限りでは、長野県の黒姫山《くろひめやま》に近いものがある。

そして、物語は死と再生につながる展開をみせるのだが、この巨岩は、日本各地の霊山に存在する胎内岩《たいないいわ》であると解釈されよう。胎内岩とは、一部が空洞で、くぐり抜けることのできる構造になっている岩を指す。この空洞を通り抜けることを「胎内くぐり」と称し、母親の体から生まれ出ることにたとえられる。

修験道《しゅげんどう》の修行は「擬死再生儀礼《ぎしさいせいぎれい》」と呼ばれ、「生まれ変わり」の意味を持つとされる。主人公は、まさに胎内岩を通して復活するのであり、それは古来の山岳信仰の世界観に通じるものがある。

山岳信仰とは

山岳信仰は自然崇拝のひとつであり、山そのものや、山中の巨岩や滝などが信仰の対象とされる。一般的には山頂に祠《ほこら》を祀《まつ》る例が多くみられる。山頂にケルンと呼ばれる人工的な積み石を設けることもまた、山岳信仰につながるものがあろう。

また、稲作民にとっては、山は稲作に不可欠な水の恵みをもたらしてくれる存在として、信仰の対象とされた。すなわち、豊作をもたらしてくれる水源の神として、古くからあがめられてきたのである。

それに加え、山岳信仰は、先祖祭祀もしくは祖先崇拝にも関わっている。柳田国男《やなぎたくにお》は『先祖の話』(一九四六年)および『山宮考』(一九四七年)において、先祖の霊魂は山に籠もり、麓に暮らす子孫を見守ると信じられてきた、という説を唱えた。詳細は映画を実際に観ていただきたいが、『君の名は。』においても、霊山のご神体が麓に暮らす人々を災厄から守ったといえよう。

このように、山岳信仰は古くから自然崇拝のひとつとして存在したものである。それが宗教として体系化されたのが修験道と呼ばれるものであり、修験道をになう宗教者が修験者である。彼らは山中で過ごす「山林斗擻《さんりんとそう》」と呼ばれる修行を実践したゆえ、山伏《やまぶし》(山臥)とも呼ばれた。

江戸時代に入ると、山岳信仰は庶民の間に広まり、社寺参詣や巡礼などの宗教的な旅が流行する中で、霊山登拝《とはい》が盛んになってゆき、日本人の信仰対象として重要な地位を占めるようになる。霊山の山麓には、登拝の拠点(登拝口)となる宿坊集落が立地するようになり、各地から集まった参詣者は宿坊に泊まり、翌朝に山頂の奥宮《おくみや》をめざして登り、山頂付近の山小屋に一泊して下山した。

当時は、現代とは異なり、自由な旅行が許されなかったために、宗教的な旅は一種の方便でもあった。それによって、住み慣れた地域とは異なる、いわば異文化を体験することが、目的のひとつでもあった。遠距離の旅は、多くの場合、当時「三都」と称されていた江戸・京・大坂を巡る行程となっており、大都市の芸術文化に触れる貴重な機会でもあった。そのような経験は、人々のその後の人生における大きな糧《かて》となったことであろう。

また、霊山登拝は、他の参詣や巡礼とは異なる面を有していた。ひとつは季節限定である。とりわけ、出羽《でわ》三山《さんざん》のような豪雪地帯にある霊山の場合は、雪が解けてからしか安全に登ることができなかった。そのため、宿坊集落に里宮《さとみや》が置かれ、宿坊以外にも参詣者に関わる諸職が居住する門前町が成立して、夏季以外にも参詣できる場となった。

もうひとつ重要なのは、女人禁制というタブーが存在し、成人男性しか霊山登拝が許されなかったことである。この点については、多様な議論が展開されてきたのであるが、詳しくはのちに述べることとしたい。さらに、山先達《やませんだつ》という案内者なしには登拝が許されなかった。

明治維新時の新政府の宗教政策の大転換を受け、神仏分離という仏教と神道を切り離す政策が断行され、修験道は廃止されるに至る。このことを前提として、本書では、山岳信仰の宗教者を指す用語として、明治以前および一般的な名称としては「修験者」を、明治以降については「山伏」を、原則として用いることとする。

以上のような山岳信仰について、本書では、長い歴史をもち豊かな伝統文化を今に伝えている出羽三山を事例に、詳しく述べてみよう。

象徴としての「三山」

「山」という漢字は、まさに象形文字としての意味合いを有している。中央に高山がそびえ、両端に低山が位置するという、「三山形式」を示しているといえないだろうか。

三山といえば、まず大和三山や熊野三山が連想される。天香久山《あまのかぐやま》・畝傍山《うねびやま》・耳成山《みみなしやま》からなる大和三山は、いずれも標高二〇〇メートル以下の低山ではあるが、七世紀末、三山に囲まれた内部に藤原京が計画的に造られた。大和三山は都を守護する鎮守の役割も有していたのだろうか。また、新宮《しんぐう》・本宮《ほんぐう》・那智《なち》からなる熊野三山は、那智は山岳であるが、新宮と本宮は寺社の山号であり、山ではなく平地に位置している。那智では、落差の大きな那智の滝が信仰の対象となってきた。

熊野三山の「おふだ」である牛王宝印《ごおうほういん》には、八咫烏《やたがらす》の姿が描かれており、出羽三山のひとつ、羽黒山《はぐろさん》の牛玉宝印《ごおうほういん》も同じく烏の姿が描かれていることなどから、熊野信仰の影響を強く受けているとされる。熊野三山は本州の最南端に位置し、平安貴族の間で盛んにおこなわれた熊野詣《くまのもうで》は、中央の都から辺境の熊野へと旅するものであった。熊野三山は、日本の境界領域を守護するために祀られた存在であったといえよう。

以上のように、大和三山および熊野三山は中央に高山がそびえる三山形式とはいえないが、出羽三山の場合は、標高一九八四メートルの月山《がっさん》が中央に位置し、両端に羽黒山(四一四メートル)と葉山《はやま》(一四六二メートル)という二つの山が立地するという、まさに文字どおりの三山形式をなしている。奥山である月山山頂の「御室《おむろ》」には、奥宮としての月山神社本宮が置かれ、里山《さとやま》である羽黒山の山頂には里宮として、三山を合わせ祀る出羽三山神社のご本社、三神合祭殿《さんじんごうさいでん》が置かれる(口絵参照)。この三神合祭殿は、大堂、本堂、本殿、本社とも呼ばれていた。なお、正式には月山神社、出羽《いでは》神社、湯殿山《ゆどのさん》神社の三社よりなるが、本書では総称として出羽三山神社という表現を以下で使用する。

ただし、近世以降の出羽三山は、葉山に代わって湯殿山が三山のひとつとなるが、この歴史的経緯については追って述べることとしたい。

図2-3(六四頁)を見ていただきたい。出羽三山は山形県の中央部に位置し、その周囲を最《も》上川《がみがわ》が取り巻くように、反時計回りで流れ下って日本海へ注いでいる。月山は孤立峰であるた

図0-1　湯殿山スキー場上空から望む月山

めに、最上川の北に位置するもうひとつの孤立峰、鳥海山《ちょうかいざん》（二二三六メートル）と並んで、県内各地から望むことのできるよく目立つ山である。内陸の山形市方面からは、北西に見える葉山の奥に、なだらかな溶岩流の斜面をもつ丸っこい山容の月山を望むことができる（第一章扉参照）。暑い夏が来ても、山頂のあたりには残雪がたっぷりと蓄えられている姿は、まさに水源の山といえる。

いっぽう、日本海側の庄内《しょうない》平野方面からは、急な崖が切り立った月山の山容を望むことができ、内陸から望む姿とは異なった印象を受ける（図0－1）。これは火山体が馬蹄形に崩壊したカルデラ地形であり、この急斜面に冬の日本海からの季節風がぶつかって、日本有数の豪雪をもたらす。月山の東麓、最上地方の肘折《ひじおり》（大蔵村）や、南麓、村山地方の志津《しづ》（西

図 0-2　大井沢から望む湯殿山(左)，姥ヶ岳(中)，月山(右)

川町)は、しばしば日本最深積雪記録の地として報道される。

深田《ふかた》久弥《きゅうや》は著名な山岳随筆『日本百名山』の月山の項目で、月山を優しい山と表現している。そのイメージは、やはり内陸側から遠望したものであろう。また、彼は月山を、日本には珍しいアスピーテ火山(楯状火山)であると記しているが、今日ではこの見解は誤りであるとされる。アスピーテ火山とは、粘性の弱い流れやすい溶岩が噴出して、なだらかな山体を形成した火山を指す。しかし、月山は富士山と同様の成層火山であり、侵食作用で平坦になった偽アスピーテであるとする説が有力となっている。

鳥海山と月山は日本海の海上からも望むことができるために、庄内浜の漁民にとっては、「山アテ」と称される海上での漁船の位置を知るための重要なランドマークとなっていた。山アテとは、陸上の二地点の位置関係から、三角形の残るひとつの頂点つまり自分のいる位置を知ることができるという、簡易的な三角測量術である。それゆえ、出羽三山は漁民が豊漁を祈願する信仰対象でもあった。

なお、月山南麓の大井沢《おおいさわ》(西川町)方面から月山を望むと、月山と、月山前峰の姥ヶ岳《うばたけ》、そして湯殿山(地形図に記されたピーク名であり、後述するご神体としての湯殿山とは異なる)が、まさに連なるように三山に見えるスポットが存在する(図0-2)。晴れた日に山形市と鶴岡市を結ぶ高速バスの車窓から、この風景を眺めるたびに、ひょっとしてこの景観が出羽三山のいわれとなった原風景ではないのか、と感じ入るのである。

里山と端山

集落の背後に位置する低山は一般的に里山と呼ばれるが、東北地方では端山《はやま》と呼ばれる里山が存在する。これらの山は山岳信仰と密接に関わる側面を有している。

羽黒山も里山のひとつである。江戸前期、出羽三山を旅した松尾芭蕉についてはのちにも詳しく述べたいが、彼は『奥の細道』で、「延喜式《えんぎしき》に「羽州里山《うしゅうさとやま》の神社」と有。書写、「黒」の字を「里山」となせるにや。羽州黒山を中略して羽黒山と云にや」と記し、羽州里山もしくは羽州黒山が羽黒山に転じたと論じている。山形県内陸部に位置し、山形市内からは月山の手前にそびえて見える葉山も、元来は端山を意味したといえよう。

福島県においては、「羽山《はやま》ごもり」と称される民間信仰が広く存在しており(福島市金沢《かねざわ》地区など)、修験道との関わりも想定されている。この羽山ごもりは、水垢離《みずごり》をとり五穀豊穣と無病息災を祈る神事であり、かつて修験者が用いた忌み言葉も使われるという。

庄内地方では、「モリ供養」という盆行事が今もおこなわれている。鶴岡市清水地区などでは、お盆開けの八月二〇日頃に、死者の霊魂を祀るため、「もりのやま」と呼ばれる集落背後の里山に朝早くからお参りする。この時期以外は立ち入ってはいけない山であるとされる。参詣者は、餓鬼の使いとされる地元の子どもたちに賽銭を渡しながら登ってゆく。死者の霊魂は三十三回忌まで、この里山に籠もり、忌明《きあ》けの後に奥山である月山や鳥海山に昇って祖霊となり、前述の柳田国男の指摘のように、子孫を見守るとされる。このように、里山と奥山とが重層的な関係を有しながら、山岳信仰は成り立っている。

修験道と羽黒修験

修験道の開祖は、役行者《えんのぎょうじゃ》(役小角《えんのおづぬ》)とされる。役小角は平安時代の歴史書『続日本紀《しょくにほんぎ》』に名前がみえる実在の人物であるが、後世の伝説・伝承によって、修験道の開祖とされるに至った。大和葛城山《やまとかつらぎさん》で修行したとされ、中世には吉野や熊野で役行者の伝承が生み出された。そのために、中世に組織化が進んだ修験道の二大流派である本山派《ほんざんは》・当山派《とうざんは》ともに、開祖を役行者と措定するようになったとみられる。

　また、修験の守り本尊は多くの場合、不動明王となっている。不動明王は右手に剣、左手に羂索《けんさく》を持ち、人々の煩悩を断ち切って救い出すという。火焰を背負い、怒りによって髪の毛は逆巻くという荒々しい仏である（図0-3）。密教寺院に多く祀られたことから、修験道でも幅広く信仰されるようになった。

図0-3　正善院の不動明王像

　修験道は古代の山林仏教として位置づけられる密教（真言宗および天台宗）から派生したものであり、そこに道教などの多様な思想が入り交ざった宗教ともされる。経典のような教義を文字化したものは乏しく、あくまで山中での修行（山林斗擻）によって、宗教者としての能力を体得する実践的な宗教であることが、修験道の本質であるとされる。

中世には、天台宗系の本山派（京都の聖護院《しょうごいん》を本拠とする）と真言宗系の当山派（京都の醍醐《だいご》寺《じ》三《さん》宝院《ぼういん》を本拠とする）の二大修験勢力が確立するが、羽黒山や九州の彦山《ひこさん》など、地方にも多くの修験系霊山が存在した。中世の修験者は、いわゆる遍歴放浪民であったと考えられるが、徳川幕府は、他の遍歴民と同じく、修験者の定着をうながす宗教政策をおこなった。その結果として、霊山の山麓に修験者の定住する門前町が形成された。

図 0-4　戸隠神社奥社の杉並木

図 0-5　慈恩寺本堂

図 0-6　英彦山神宮奉幣殿

江戸初期に、徳川幕府は本山派と当山派の二大勢力のみを修験として公認した。そのために、羽黒派や彦山派のような地方修験は、いずれかの傘下に属さざるをえなかった。修験ではなく、仏教寺院として存続の道を選んだ霊山も多くみられた。長野市の戸隠山《とがくしやま》(天台宗)や、葉山信仰と関わりの深かった山形県寒河江《さがえ》市の慈恩寺《じおんじ》(天台宗・真言宗)などが、その事例としてあげられる。

羽黒山と彦山は、地方修験の本山としての地位を回復するために幕府へ働きかけたが、独立を承認されるに至るまで半世紀から一世紀近くを要した。彦山は本山と認められて以降は、よみは同じで「英彦山」と称するようになった。そうした経緯については後述しよう。

第一章 出羽三山の歩み

月山（中央）と葉山（手前左）

古代　蝦夷との境界に祀られた神

『新抄格勅符抄《しんしょうきゃくちょくふしょう》』に宝亀《ほうき》四年(七七三)のこととして、出羽国の「月山神」に神封《じんぷ》二戸を寄せられたとあるのが、出羽三山の史料上の初見とされる。本書は平安時代に編纂された法制書であり、奈良時代以降の神社や寺院の封戸に関する規定などを収録している。すでにこの時点で、月山で祭祀をおこなうための手当てが、中央の律令国家によってなされていたことになる。

羽黒山については、『拾塊集《しゅうかいしゅう》』(成立年代不明)、『羽黒山睡中問答《はぐろさんすいちゅうもんどう》』(永禄《えいろく》三年(一五六〇)成立)などの縁起が伝えられているが、それらによると、開山者は崇峻《すしゅん》天皇(五五三?—五九二)の第三皇子である能除太子《のうじょたいし》(能除大師、能除仙、能除上人)であるとされている。しかし、天皇家の系図によれば、崇峻天皇の皇子は蜂子皇子《はちこのおうじ》のみで、しかも詳しい伝記は見当たらない。崇峻天皇は蘇我馬子《そがのうまこ》によって暗殺されたとされるため、悲劇に巻き込まれた能除太子が辺境である出羽国に流浪してきたという設定になろうか。

能除太子は、推古天皇元年(五九三)、現在の鶴岡市庄内浜の由良《ゆら》の海岸にたどり着いて、羽黒山を開山したと伝えられる。由良にある八乙女《やおとめ》の洞窟は羽黒山頂の鏡池《かがみいけ》に通じているとの伝承がみられ、畿内から日本海を北上して、出羽国に至ったことになる。この伝承の背景には、当時すでに、ある程度、日本海海運が発達していたことがあるのかもしれない。海から訪れた神は「寄《よ》り神《がみ》」と呼ばれる漂着神とされ、漁業の守り神でもあった。先述の漁民による信仰には、このような背景が存在するのかもしれない。

図 1-1　立山曼荼羅(大仙坊 A 本)

また、中国大陸や朝鮮半島との関わりも想定されよう。平安時代には、渤海《ぼっかい》国の使者が出羽国に漂着したという記録もあり、大陸や半島から宗教文化がもたらされた可能性は否定できない。北陸の霊山である白山《はくさん》は、朝鮮半島のつけねに位置する霊山の白頭山《はくとうさん》と信仰上の関係があるとする説もみられ、同じく北陸の霊山である立山《たてやま》の山麓に伝来する「立山曼荼羅」に描かれた背景の山岳表現は、朝鮮王朝期の「日月五岳図」に極めて類似している。

この「日月五岳図」は、王宮の玉座の背後に置かれ、

図1-2　日月五岳図

王が世界を支配する象徴としての絵画であった。日本の室町時代後期には成立していたことが確認されており、日本海を渡って、このデザインが伝播したとすれば、興味深い。「熊野《くまの》観心十界図《かんしんじっかいず》」と呼ばれる、地獄から極楽に至る十界のありさまを描いた絵画もまた、朝鮮王朝時代の仏教絵画である「甘露図《かんろず》」に由来するとの説もあり、日本海を隔てた朝鮮半島から日本への信仰の伝播の例といえるかもしれない。

しかしながら、能除太子による推古天皇年間の羽黒山開山伝承は、他の霊山よりも古い時期の開山であることを主張しようとした、後世の創作ではなかろうか。修験道の開祖とされる役行者よりも古くさかのぼる時代の開山であるとの、自己主張であったといえよう。

羽黒山の縁起類には、しばしば役行者が登場して、月山に登拝しようとしたが果たせず、能除太子の教えに従ってはじめて登拝に成功したとする記述がみられる。これも、役行者よりも能除太子のほうがすぐれた修験者であるという、羽黒修験の認識から出たものであろう。

九世紀になると、六国史《りっこくし》の最後にあたる歴史書の『日本三代実録《にほんさんだいじつろく》』に、しばしば月山神が登場するようになり、神階を受ける記事が散見する。たとえば、貞観《じょうがん》六年(八六四)二月五日の条には「授出羽国正四位上勲六等月山神従三位」と記されている。時代が下るたびに神階が上昇しており、その重要度が増していったものとみなすことができる。

また、月山山頂の月山神社は、平安時代中期に編纂された律令の細則を記した格式である『延喜式』の「神名帳《じんみょうちょう》」に、大物忌《おおものいみ》神社・小物忌《おものいみ》神社と並んで登場する。ただし、この記事では、月山神は鳥海山に祀られた大物忌神とともに出羽国飽海《あくみ》郡に祀られるとある。飽海郡は最上川以北に存在した郡であり、月山の位置する最上川以南の田川《たがわ》郡とは異なっている。これについては、当時飽海郡に存在したとされる出羽国国府の近辺に月山神を祀る場が置かれたのではないかとの推測もみられる。現在でも、吹浦《ふくら》(山形県飽海郡遊佐《ゆざ》町)にある大物忌神社口之宮《くちのみや》の拝殿脇には、大物忌神とともに月山神が祀られている。大物忌神社は鳥海山の山頂に祀られ、日本海の沖合いに浮かぶ飛島に祀られる小物忌神社と対をなしている。

古代・中世において日本の北の境界は佐渡であると認識されていたが、その北側に位置する月山神社と大物忌神社は、朝廷によって境界に祀られた神であったといえよう。奥州平泉が、稲作民と狩猟民の境界に位置する古代都市であったのと同じく、月山・鳥海山以北は狩猟採集民であった蝦夷の支配する地域であり、政治上・軍事上の拠点として多賀城や秋田城が置かれたように、月山神社と大物忌神社は境界を守護する宗教上の拠点として配されたといえよう。

ただし、対立する蝦夷の勢力もまた、境界の神を信仰しており、双方から信仰を集めるという両義的な性格を有していたことが指摘されている。さらに、鳥海山は九世紀に二度ほど噴火を繰り返しており、戦乱や災害・疫病などの予兆ともみられた。これらは当時の政治的状況を反映した境界祭祀の特徴であるといえよう。

中世　遍歴民としての修験者

羽黒山が歴史に登場するようになるのは、古代から中世への過渡期である。『平家物語』巻五には、文覚《もんがく》(一一三九―一二〇三)が荒行をおこなった霊山として、大峰、白山、立山、富士山、戸隠などとともに「出羽羽黒」がみえ、また『源平盛衰記《げんぺいせいすいき》』巻四には、嘉保《かほう》二年(一〇九五)のこととして「出羽ノ羽黒ヨリ(日吉社へ)上《のぼり》タル身吉《みよし》ト云童御子《わらわみこ》ノ籠タリケル」とみえる。鎌倉時代の歴史書として著名な『吾妻鏡《あずまかがみ》』の承元《しょうげん》三年(一二〇九)の記事には「出羽国羽黒山衆徒等群参」とあり、すでに鎌倉幕府が羽黒山とその宗教者たちの存在を認識していたことが明らかである。

また、承久《じょうきゅう》二年(一二二〇)に記された『仁和寺《にんなじ》日《ひ》次記《なみき》』には「法印尊長《そんちょう》、よろしく出羽国羽黒山総長吏《そうちょうり》たるべきのよし宣旨《せんじ》を下さる」とあり、尊長は承久の乱に関わった人物であることから、この時期に京都との結びつきが存在したことを示唆する史料となっている。

さらに、現在重要文化財に指定されている黄金堂《こがねどう》は、山伏たちの営む宿坊がいまも立ち並ぶ羽黒山麓の手向《とうげ》集落の中央に位置し、鎌倉時代の建築とされるが、源頼朝が奥州藤原氏との戦勝祈願に寄進したと伝えられる(図1-3)。この伝承もまた、出羽三山が引き続き境界に祀られた神としての性格を有していたゆえであろう。狩猟採集民である蝦夷の後裔である藤原氏との戦いに備えて、稲作民の新たな国家としての鎌倉幕府を築こうとした源頼朝は、祈願するにふさわしい寺社として黄金堂を選んだことになる。境内には黄金が埋蔵されたという伝説もあり、源頼朝は平泉の中尊寺金色堂に対抗する存在として位置づけようとしたのであろうか。

図1-3　正善院黄金堂

こうした伝承は、新たな武士の政権として誕生した鎌倉幕府が、境界の宗教的シンボルとして祀られてきた羽黒山を、新たにみずからの宗教的シンボルとして取り込もうと

図1-4　「建治の大鐘」と鐘楼

する動きとも理解することができよう。

ここで興味深いのは、羽黒山頂に存在する鐘にまつわる伝承である。この大梵鐘は建治元年（一二七五）の銘文があることから「建治《けんじ》の大鐘《たいしょう》」と称され、重要文化財に指定されている（図1－4）。出羽三山の歴史を知るうえで重要な史料として、江戸中期に編纂された『三山雅集《さんざんがしゅう》』がある。本書については詳しくは後述するが、次のような記述がある。

「文永《ぶんえい》一一年〔一二七四〕一〇月に筑紫より早馬が六波羅《ろくはら》に馳せ来たり、蒙古の賊船が対馬に到り、合戦に及んだと告げた。また、建治元年〔一二七五〕に鎮西から、蒙古ならびに高麗人らが入洛せず直接関東に向かった、などと書き送ってきた。このとき、将軍家より当山へ御祈願の依頼があり、山上より九頭竜王の光影が出て、酒田の湊に飛行したように見えた。すると、蒙古船は残らず海中に没し、鎮西に平和がもたらされた。この謝徳により、この鐘を寄附されたと、旧記に記載されている」。

まさに境界の神から、鎌倉幕府の危機に際しての宗教的シンボルへと移行したことが、この記述から知られる。

ところで、源頼朝との戦いで藤原氏と運命を共にした源義経の家来とされる武蔵坊弁慶は、修験者であった可能性が高い。歌舞伎の『勧進帳《かんじんちょう》』における安宅関《あたかのせき》の場面で、弁慶が修験者の服装や奥義について詳しい説明をおこなったことからも、関所を自由に通過する遍歴民としての権利を持っていたとみなすことができる。

室町時代初期に成立した『義経記《ぎけいき》』巻七には、義経一行が北国に落ちのびるさい、「羽黒山伏の熊野へ参り、下向するぞ」と身分を称するよう弁慶が進言したとある。また同巻には、羽黒山への代参《だいさん》を果たした弁慶が、最上川沿いの清川《きよかわ》(後述)で一行と落ち合ったという興味深い記述もみられる。

室町時代後期に活躍した日光山出身の阿吸房即伝《あきゅうぼうそくでん》という修験者は、彦山や戸隠山で修行し、修験道彦山派の修行に関する教義を集大成したとされるが、彼に代表されるように、中世の修験者は、日本各地の修験の霊山を遍歴修行しながら、宗教者としての能力を磨いていったのである。

中世の羽黒山

中世の羽黒山では、密教の天台宗と真言宗は言うまでもなく、さまざまな宗派の宗教者が集まり、修験の霊山としての一山組織が形成されていた。いわゆる僧兵のような武装勢力が含まれていたとも推定され、荘園を所領として、地域に勢力を張る存在であった。南北朝期には、南朝方の北畠顕信《きたばたけあきのぶ》(一三二〇?―一三八〇?)が、羽黒山衆徒の勢力を背景に立谷沢《たちやざわ》城を拠点として出羽国の制覇をめざしたが、失敗に終わったという。彼は正平《しょうへい》一三年(一三五八)に、南朝復興と出羽国静謐を祈願した寄進書を鳥海山大物忌神社に納めている。

中世の羽黒山は、北陸や秋田・津軽と日本海を通じて交流する役割を果たしたとも考えられる。羽黒山頂の経塚《きょうづか》(供養のために経典などを埋納した塚)は、昭和三三年(一九五八)に三神合祭殿南側の老杉の下から偶然に発見されたが、そこから出土した珠洲《すず》系陶器は、その可能性を示す証拠である。陶器そのもの、もしくは珠洲焼の技法が、能登半島から日本海を渡って伝播したものとみられる。

同じ経塚から出土した文保《ぶんぽう》三年(一三一九)の銘をもつ銅製経筒の銘文には、佐渡国住人で檀《だん》那《な》の七郎入道沙弥暁忍と、同じく佐渡国住人である聖人の越中房蓮祐とが連名で刻まれている。暁忍は在地領主で、越中房は羽黒修験であると思われ、佐渡に羽黒山信仰が浸透していたことを物語る金石文となっている(図1-5)。これらは室町時代以降に再埋納されたとみられる。

ところで、羽黒山ないし出羽三山の開山を能除大師に措定したのは、一四世紀半ばの成立とされる、全国の寺社の縁起や説話を集めた安居院《あぐい》の『神道集《しんとうしゅう》』が最初である。その「出羽国羽黒権現事」の章の文末に「御山ト申ハ、能除大師ノ草創ナリ。日本ノ人王卅四代、推古天王ノ御時玉ヘリ」と記されている。権現とは、神仏習合を示す言葉であり、「権」は「仮に」という意味で、インドの仏が仮に姿を変えて、日本に神として現れたとする「本地垂迹《ほんじすいじゃく》思想」が、すなわち権現である。

この能除大師こそが、先述のようにしだいに崇峻天皇の皇子である蜂子皇子と同一視されるようになってゆく。近世の羽黒山においても、能除大師と蜂子皇子を結びつけるべく尽力されるのだが、それが公式に認められたのは明治維新の神仏分離後のことであった。

図1-5　文保三年経筒

ところで、中世には羽黒山一山の総称は寂《じゃっ》光寺《こうじ》であったとされるが、この名称は文和《ぶんな》元年(一三五二)の青銅製燈籠竿銘(出羽三山神社所蔵)に「奉施入　寂光寺　鋳造大燈爐」とあるのが最古の記録とみられる。いっぽう、

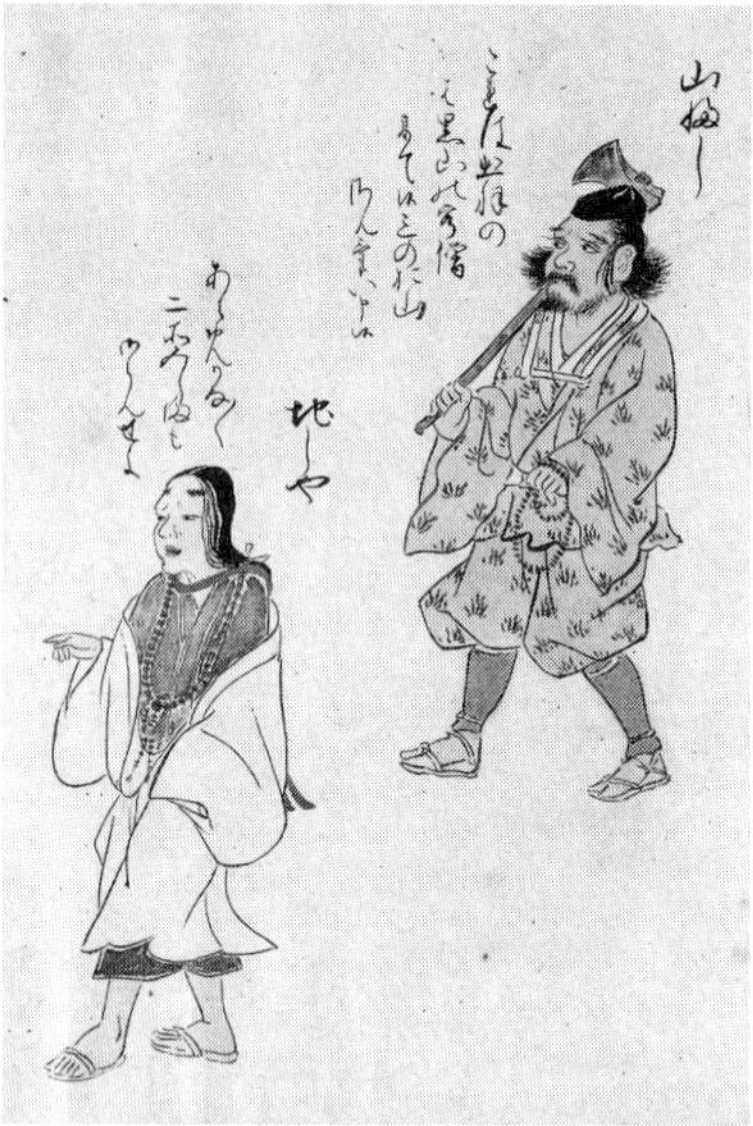

図1-6　『七十一番職人歌合』(前田育徳会尊経閣文庫本)より

時代は下るが慶長一三年(一六〇八)の羽黒山五重塔九輪台座銘には「大泉庄羽黒山瀧水寺塔之修造」とあり、さらに翌一四年の荒沢寺《こうたくじ》御《み》影《え》堂《どう》棟札には「出羽国大泉荘……荒沢山荒沢寺」とある(いずれも今は失われている)。中世末期には、羽黒山頂付近に寂光寺、五重塔付近に瀧水寺《りゅうすいじ》、荒沢には荒沢寺という、それぞれの寺院が分立していたとみるべきであろうか。

なお、室町時代に成立した『七十一番職人歌合《うたあわせ》』という画巻がある。中世に流行した歌合のひとつで、一四二種の職人が、一番の「番匠《ばんじょう》」「鍛冶」から七十一番の「酢造《すつくり》」「心太売《こころぶとうり》」まで左右に分かれて歌を競い合うという、まことに興味深いものである。その六十一番に「山伏」が登場し、その姿も描かれている(図1-6)。

画中詞には「是は出羽の羽黒山の客僧にて候。三《みつ》のお山に参詣申候」とあり、『新日本古典文学大系』の注解では、「三のお山」とは熊野三山をいうとあるが、そこに掲げられた四首の歌のひとつ「立かへり猶やながめむ東路の三のお山の月のたびたび」への注解では、「東路の三のお山」は二所三島《にしょみしま》、すなわち伊豆山権現・箱根山権現・三島大社をさすと記されている。

図1-7　肘折の「さんげさんげ」

しかし、後者の「東路の三のお山」とは、出羽三山をさすとみることもできるのではなかろうか。

また、残る三首の歌の中には、「あはれわが心すむべき便《たより》かな時しも秋の月の峰入」の「峰入《みねいり》」のほか、「先達」「慙愧《ざんぎ》懺悔《さんげ》」といった修験特有の言葉が用いられていることも面白い。慙愧懺悔とは、自らの罪を神仏にはらいきよめてもらう唱え言葉である。出羽三山の登拝口のひとつで温泉でも名高い肘折《ひじおり》では、毎年一月七日、地元の山伏たちが「さんげさんげ、六根罪障《ろっこんざいしょう》」と唱えながら温泉街を練り歩く祭事がおこなわれている。

ちなみに、六十一番には、山伏と対に「持者《じしゃ》」が描かれている。どこの巫女をさすのか明確ではないが、近世の羽黒山でも巫女(神子)の免許状が出されており、羽黒山伏とともに宗教活動をおこなった巫女であると解釈することもできよう。

さらに、やはり室町時代に成立したと考えられる能『葛城《かずらき》』は、雪の葛城山で羽黒山伏が一人の女(じつは一言主《ひとことぬし》の神)に出会う物語である。冒頭で山伏は、「これは出羽の羽黒山より出でたる山伏にて候。われこのたび大峰葛城に参らばやと存じ候」と、さきにあげた画中詞とも類似した名乗りをおこなっている。同じように、『野守《のもり》』にも羽黒山伏が登場する。

熊野信仰との関わり

能除太子が由良の海岸に上陸したと伝えられることはさきに述べたが、別の開山伝承もみられる。永禄三年(一五六〇)に自賢院《じけんいん》という修験者が書いたという『出羽国羽黒山建立之次第』に「爰《ここ》に聖徳太子、彼の能除上人に語って曰く。出羽の国、歌連《かれ》の里、暮黎の嶺に、観音湧出の霊地之《こ》れ在り」と記されており、この「歌連の里」および「暮黎の嶺」は現在の山形県庄内町清川付近に比定されるという。

そうであるとすれば、能除太子は日本海から上陸したのではなく、山形県内陸部から最上川を下って、庄内平野に出た谷口集落の清川に上陸したことになり、最上川水運の利用が羽黒山開山につながったことになろう。最上川の水駅は、先述の『延喜式』に記されていることから、この説も一理あるといえよう。

さらに、この縁起には、能除上人を導いたのは八尺の霊鳥であると記されており、その鳥は前述のように熊野信仰の霊鳥である八咫烏であるとみなされる。羽黒山という名称もまた、羽の黒い鳥に由来するという説もあり、興味深いものがある。羽黒山頂のご本社、三神合祭殿には、三山の神とともに、熊野神をも祀っており、やはり羽黒山と熊野三山の信仰上の深いつながりを示すものといえよう。

図1-8　蜂子皇子(能除太子)像

また、近世には、羽黒山奥の院として荒沢三院(経堂院《きょうどういん》・北之院《きたのいん》・聖之院《ひじりのいん》)が置かれ、明治以降は仏地となったが、この荒沢寺の開山堂に祀られている鎌倉時代作の心浄房勝尊の木像の胎内銘によると、勝尊は熊野那智の行者であったのが、羽黒へ来て三千日の修行をしたという。ここからも、早い時期からの熊野と羽黒との関係をうかがうことができる。

熊野三山の本地仏は、阿弥陀如来（本宮）・薬師如来（新宮）・千手観音（那智）であるのに対し、中世の出羽三山の本地仏は、阿弥陀如来（月山）・薬師如来（葉山）・聖観音（羽黒山）とされており、近似している。しかも、宮城県名取市高舘《たかだて》の名取熊野神社および山形県南陽市宮内の熊野神社の本地仏は、出羽三山と同じく、阿弥陀如来・薬師如来・聖観音であるといい、熊野ではなくむしろ出羽三山の影響下にあるとみられる。鳥海山も三山のひとつに数えられることがあったが、山麓を日光川《にっこうがわ》と月光川《がっこうがわ》が流れており、鳥海山を薬師如来に見立てると、脇侍の日光・月光菩薩という三尊形式となる。ここにも熊野信仰の伝播をうかがうことができる。

なお、本地仏とは、本地垂迹説にもとづき、日本の神に姿を変えた本来のインドの仏を指し、正体を現した本来の姿という意味である。本地仏の懸仏《かけぼとけ》を「御正体《みしょうたい》」と呼ぶのは、そのためである。

また、永正《えいしょう》五年（一五〇八）の写本とされる『出羽国大泉庄三権現縁起』には、「本宮大権現　同〔欽明天皇〕七丙寅年、飽海嶽ニ出現。今、鳥海権現是也。新宮大権現　同八丁卯年、増河嶽ニ出現。今、月山権現是也。羽黒権現者　同十一庚午年、添川嶽ニ出現。紀州熊野権現鎮座之後、千二百三年也」という表現がみえ、熊野三山を強く意識した内容となっている。

さらに、永治《えいじ》元年(一一四一)成立の原本を寛永二一年(一六四四)に、後述の天宥別当《てんゆうべっとう》が筆写したと伝えられる『羽黒山縁起』には、「熊野山の権現に敷地なき事ハ叶わじとて、上三十三州を二十一国〔羽黒山に〕まいらせらる。十二ヶ国を彦山にまいらせらる」とある。ここからも、熊野三山との密接な関係が明らかである。

いっぽう、役行者の体系的な最初の伝記とされる、室町時代成立の『役行者本記』には、役行者が修行や参詣をしたとされる多くの場所があげられており、これらは熊野系の修験者が関係した霊地とされる。その中に出羽三山も含まれており、しかも同書の奥書によれば、神護景《じんごけい》雲《うん》二年(七六八)に羽黒の黒珍なる者が彦山で同書を書写したという。この年代の信憑性はうすいとしても、早くから羽黒修験と熊野三山が密接な関係にあったことが、以上のような諸史料から判明する。

熊野神は元来、崇拝の主な対象として羽黒山に勧請《かんじょう》されたが、羽黒山より低い地位に格下げされたとする見解がある。しかし、熊野と羽黒山の関係が深まるにつれて、熊野神が客神として招かれたのであり、格下げされたと考える必要はない、とH・バイロン・エアハートは主張した。エアハートは、一九三五年生まれで、シカゴ大学で有名な宗教学者エリアーデに師事し、ウエスタン・ミシガン大学に在籍したアメリカの宗教学者である。一九六二―一九六五年に日

図1-9　月山行人結衆碑(貞治七年阿弥陀板碑)

本に滞在し、東北大学の堀一郎教授に師事して、羽黒山の秋峰修行に加わり、その貴重な記録を学術書としてまとめた。

いっぽう、月山については、山形市内に貞治《じょうじ》七年(一三六八)の銘を有する板碑《いたび》が現存し、「月山行人結衆等　貞治七季戊申三月　日　已上百余人敬白」との願文が刻まれている(図1-9)。この「月山行人結《がっさんぎょうにんけつ》衆《じゅう》の碑」は、一〇〇人余りの行人が月山参詣を記念して建立したものとみられ、当地には先達を務めた吉野派真言宗一明院《いちみょういん》があったという。この場所からは北西方向に月山を遠望することができ、月山参詣の起点に建立された石碑といえよう。なお、行人とは、出羽三山においては、一般の参詣者を指す言葉であり、この場合も修験者ではなく一般の信者が参詣した記念碑だと考えられる。

出羽三山のうちでも、湯殿山は、一般的な山岳信仰と比べると、特異な信仰であるといえよう。というのも湯殿山は山そのものがご神体となっているのではなく、山中の沢沿いに湧出する温泉の成分が凝固した赤茶けた巨岩が、ご神体だからである。明治の神仏分離以前は、「ご宝前《ほうぜん》」と呼ばれた。ご神体の奥には、岩供養と呼ばれる先祖供養の場が設けられている。

九州・佐土原《さどわら》(現宮崎市佐土原町)の修験者であった野田泉光院《のだせんこういん》(一七五六—一八三五)の紀行文である『日本九峰修行日記《にほんきゅうほうしゅぎょうにっき》』の以下の記述は、湯殿山についての要を得た紹介といえよう。彼は文化九年(一八一二)九月、五七歳のとき出発し、六年二カ月をかけて、英彦山・箕面山《みのおさん》・石鎚《いしづち》山《さん》・金剛山・大峰山・熊野山・富士山・羽黒山・湯殿山の九峰を行脚した。ちなみに、野田泉光院は、松尾芭蕉の旅の足跡を忠実に追った三山参りをおこなったことでも知られる。

卯《う》の刻より湯殿に詣づ。道に月山と云ふ刀鍛冶屋の跡あり。下る事三里半にて谷口に高さ三間幅五間計《ばか》りの大石あり、是れが湯殿山なり。色赤く、此石より汗の出る如く湯湧き出る也、因《より》て湯殿と名付く、此石を金剛界大日《こんごうかいだいにち》と称す。

この湯殿山のご神体のように、温泉の成分が固まったものを、噴泉塔もしくは温泉ドームと称する。そのような巨岩を信仰対象とするのは自然崇拝の一種であるといえる。噴泉塔は、白山などの他の霊山にもみられるのだが、それをご神体として信仰対象にしているのは湯殿山のみであろう。参詣者は履物を脱いで、裸足になって、ご神体に参るという習俗がいまなお引き継がれている。境内にはカメラやビデオを持って入ることも許されていない。

湯殿山の開山者は、鶴岡市(旧朝日村)大網《おおあみ》盆地に位置する湯殿山注連寺《ちゅうれんじ》および湯殿山瀧水寺《りゅうすいじ》大日坊《だいにちぼう》の縁起によれば、真言宗の開祖である弘法大師空海であるとされ、また大同《だいどう》二年(八〇七)の開山と伝承されている。

さて、中世後期、戦国時代の幕開けの時期に至って、ようやくその湯殿山が史料に登場する。それは当時常陸国《ひたちのくに》、いまの茨城県あたりを支配していた戦国大名の佐竹義舜《さたけよしきよ》の永正七年(一五一〇)の起請文《きしょうもん》においてである(秋田県立図書館所蔵)。起請文とは、約束を破らないことを神仏に誓う文書を指す。この起請文は、江戸但馬入道および同彦五郎に宛てられたもので、「右熊野牛王三枚ノ裏ニ書之」とあり、さきに述べた八咫烏の文様を配した熊野の牛王宝印の裏側に記されている。

江戸但馬入道通雅と彦五郎通泰は、当時の水戸城主であり、佐竹氏から同盟関係を働きかけた起請文であった。佐竹義舜は、一族の内紛で一時は太田城(現常陸太田市)を追われたものの、永正元年に太田城へ復帰し、佐竹宗家としての地位を確立した。この起請文は、当初は敵対していた江戸氏を勢力下に位置づけようとした際のものとされる。

その文中には、「奥州塩竈六所・磐梯・出羽羽黒・月山・葉山・湯殿・鳥海大明神・当国鎮守鹿嶋大明神・筑波六所」との記述がみられる。山形から遠く離れた常陸国の大名の文書に、なぜ湯殿山が記されたのかは明らかではないが、近年の学説では、佐竹氏は南東北を支配下に収めるべく北進をうかがっていたとされ、湯殿山をも支配下に置くことを企んでいたのかもしれない。

しかしいっぽうで、この起請文に、大峯葛城両大権現・伯耆大山《ほうきだいせん》・彦山三所権現・賀州白山・能登石動山《のとせきどうさん》・信州戸隠・飯縄《いいづな》・富士浅間大菩薩・上野赤城・下野日光など、著名な霊山が列記されていることは、戦国時代の山岳信仰を理解するうえで興味深い。それらをはじめとして日本全国の主な神仏が登場しており、北進を意図したというよりも、できるだけ数多くの神仏に祈ることが目的であったのかもしれない。いずれにしても、この時期には、湯殿山が羽黒山や月山とともに遠く離れた北関東にも知られるような霊山になっていたことは確かといえよう。

東北地方に関わる史料では、『親俊日記』の天文《てんぶん》七年(一五三八)の条に、奥州探題大崎氏から幕府に送られた使者が「ユドノ行者」であったという記載がみられる。この日記は、室町幕府の政所代《まんどころだい》を務めた蜷川親俊《にながわちかとし》が記したものであり、室町将軍周辺の動向を伝える貴重な史料とされる。いずれにしても、湯殿山の史料上の初見は一六世紀ということになる。

時代はすこし下るが、常陸国では、江戸初期にすでに、湯殿山信仰が浸透していたことをうかがわせる史料もある。三浦浄心《みうらじょうしん》が記した随筆集である『慶長見聞集《けいちょうけんもんしゅう》』には、慶長一八年(一六一三)に湯殿山の供養塚が水戸に造られて、かなり多くの信者を有していたことが記されている。

さらに常陸国南部、現在の牛久《うしく》市などにはこの時代の湯殿山信仰に関わる石造物が多く見つかっており、茨城民俗学会の会員を中心に、謎を解くべく精力的な調査研究がおこなわれてきた。ただ現在のところ、中世末期から近世初期の湯殿山信仰と常陸国との関わりに明確な結論は示されていない。これらの石造物の中には、大日如来が刻まれた石仏もあり、その姿は平泉の達谷窟《たっこくのいわや》の大日如来磨崖仏《まがいぶつ》によく似ていることもまた、謎であるといえようか。

湯殿山は、いつしか出羽三山の総奥の院とも称されるようになり、一七世紀なかばには、その祭祀権をめぐって、後述するような争論が繰り広げられた。前述の本地仏が、葉山の本地である薬師如来から、湯殿山の本地である大日如来に入れ替わったことは、中世から近世への出羽三山の変化を象徴するできごとであったといえよう。出羽三山神社に伝わる鉄製懸仏の銘に「大日□□□□　天正八　三月吉日」とあることから、天正《てんしょう》八年(一五八〇)までには、葉山に代わって、湯殿山が三山のひとつを占めるようになっていたとも考えられる。

今は失われた月山神社本宮の慶長六年(一六〇一)の棟札には「湯殿月山羽黒三山執行宥源」とあり、同一一年の羽黒山本社棟札では「時之執行宝前坊宥源」とあることから、宥源《ゆうげん》は羽黒山のリーダー的存在であり、しかも当時は三山の祭祀権を統括していたことを示唆している。

ちなみに、そもそも「出羽三山」という呼称も、管見の限りでは、常陸国において初めて用いられている。それは、寛政四年(一七九二)に刊行された長久保赤水《ながくぼせきすい》(一七一七―一八〇一)の旅日記である『東奥紀行《とうおうきこう》』においてである。長久保赤水は、常陸国出身の地理学者・漢学者であり、『日本輿地路程全図《にほんよちろていぜんず》』という江戸期を代表する日本地図のひとつを作成したことで知られる。江戸時代の当時は「羽州《うしゅう》三山」もしくは「奥三山」という呼称が一般的であったので、この書物を見出すまで筆者は、出羽三山信仰研究の先駆者である戸川安章《とがわあんしょう》(一九〇六―二〇〇六)が、昭和初期に学術用語として使いはじめたものとみなしていたのだが、そうとはいいがたいことが判明した。

出羽三山の変遷

湯殿山が登場する以前の出羽三山は、月山と羽黒山に加え、葉山が三山のひとつに数えられていたことはさきにも述べた。寒河江市と村山市にまたがる葉山は、山形市内から望むと、月山の手前に見える。ただし標高は一〇〇〇メートルを超えるので、羽黒山のような里山とはいいがたい。

葉山の麓には、羽黒山および山寺立石寺《やまでらりっしゃくじ》と並んで、山形県内において中世に遡りうる三大寺院のひとつである慈恩寺が立地している。この慈恩寺も地方修験の拠点であり、かつては月山と葉山で入峰修行していたものと想定されるが、中世末期から近世初期に出羽三山から離れる道を歩んだ。近世の慈恩寺は天台宗と真言宗の双方から成り立っていたが、双方の宗派を残すために、修験者たちは離れたものとも思われる。

いっぽう、鳥海山も出羽三山のひとつに数えられた時期があったとされる。たとえば、羽黒《はぐろ》祭文《さいもん》のひとつ『黒百合姫物語《くろゆりひめものがたり》』では、鳥海山信仰との関わりが記されている。この物語は鳥海山の女別当(巫女)の来歴を語るものであるが、羽黒祭文でありながら、秋田県側の矢島《やしま》や仁賀保《にかほ》に関する内容が大半であり、庄内側のことはほとんど記されていない。鳥海山の旧郡境(現在の県境)をめぐる庄内側と秋田側の対立は長く続いており、この物語は、むしろ秋田側の鳥

図 1-10　月山山頂から望む鳥海山と，金峰山から望む鳥海山と鶴岡市街

図1-11　鳥海月山両所宮

海山信仰の正当性を主張する意図が込められているのかもしれない。

また、中世に成立した縁起とされる『羽黒山伝』および前述の『出羽国大泉庄三権現縁起』には、月山・羽黒・鳥海を三権現とする、という記述がみられ、本来の三山には湯殿山が含まれていなかったことを示している。

しかし、実際には最上川で隔てられた月山と鳥海山を行き来して入峰修行をおこなうことには困難が多かったようだ。湯殿山が加わることによって峰入りのルートが整い、近世から今日に至る出羽三山が確立することになる。

戦国時代には、それまで庄内地方を治めていた武藤氏に代わって、上杉氏の家臣である直江《なおえ》兼続《かねつぐ》が庄内に入り、酒田城主であった兼続輩下の甘粕景継《あまかすかげつぐ》が羽黒山の黄金堂を改築したという。関ケ原の戦いの後は、上杉氏の国替えにともない、山形城主の最上義光《もがみよしあき》が庄内をも領地として治め、五重塔や山頂のご本社をはじめとする山内の諸堂塔を修築したという。なお、山形城下町の北端(現山形市宮町)に鳥海月山両所宮《ちょうかいがっさんりょうしょのみや》が祀られているが、おそらくは最上義光が城下町を鎮護する目的で社領を寄進したものであろう(図1－11)。

最後に、修験者による祭文について、触れておきたい。祭文とは元来、神仏への願文であったが、錫杖を振り、法螺貝を吹いて伴奏する歌謡となり、芸能化してゆく。さきに述べた『黒百合姫物語』は、そのひとつである。そして、遍歴する修験者が語ることによって広く流布してゆき、それをもとに語り物としての浄瑠璃が成立する。東北地方では、古い浄瑠璃の姿を残す「奥浄瑠璃」が伝承されており、その中に『湯殿山御本地』と称されるものがある。その内容には真言宗の影響が強く反映していることから、おそらくはのちに述べる「両造法論《りょうぞうほうろん》」以降の成立であると考えられる。いずれにしても、出羽三山信仰の普及には、このような祭文語りが果たした役割もまた大きかったといえよう。

近世　修験者の定住化

各地の霊山を遍歴して修行をおこなった中世的修験のあり方が、徳川幕府の成立によって大きな制約を受けるようになる。検地がおこなわれ、「村切り」と呼ばれる土地と住民を結びつけ、年貢の収奪を容易にするような政策が推し進められた。その結果として、遍歴民としての性格が制限され、修験者も霊山の山麓に定住するようになり、門前町としての宿坊集落が成立するに至った。羽黒山麓の手向には、「麓三百坊」と称される大規模な宿坊集落が形成された。

また、中世的土地所有の典型であった荘園は幕府に没収され、代わりに幕府から朱印地《しゅいんち》が領地として与えられたが、所領のすべては安堵されなかったことから、信者を獲得・拡大して補うことが必要となった。九州の英彦山では、中世の荘園所領と、近世の朱印地と檀那場《だんなば》(布教担当地域)からの収益とを合わせたものとが、ほぼ一致することが長野覚《ながのただし》によって実証されている。

図 1-12　手向の宿坊のひとつ「大進坊」(1991 年). 手前右は芭蕉三山句碑

中世の羽黒山が、諸宗派から形成されていたことはすでに述べた。戸川安章によれば、山頂のご本社を取り巻く寺々は真言宗、五重塔の周囲と門前町の寺や坊は天台宗で、臨済宗の寺も二カ寺あり、念仏寺院も三カ寺あり、真言・天台・臨済の寺は、それぞれ「霞《かすみ》」と呼ばれる布教担当地域を持っていたという(『修験道と民俗宗教』)。しかし近世初期の寺社法度により、本山派と当山派の二大勢力のみが修験と認められ、羽黒修験は前述のように、いずれかに属さざるを得なくなった。

そのために、寛永七年(一六三〇)に羽黒山別当となった天宥《てんゆう》(一五九三?―一六七四)は、同一八年に徳川幕府の後ろ盾であった天台宗僧侶の天海《てんかい》に弟子入りし、羽黒山を東叡山寛永寺《とうえいざんかんえいじ》の末寺として天台宗に統一した。その結果として、羽黒山は本山派と当山派とは別の独立した地方修験の本山として、幕府から認められるに至った。

天宥別当の両親の供養碑が西川町岩根沢《いわねさわ》の旧日月寺《にちがつじ》(現在は岩根沢三山神社)の歴代墓地にあり、「寛永十八年　旭秀大姉　花栄居士　法界□□利益」と刻まれている(図1-13)。天宥の両親は老後を岩根沢で過ごし、その地で亡くなったものとみられ、天宥を岩根沢出身ともみなしうるが、同じ西川町吉川の安中坊《あんちゅうぼう》(慈恩寺に属した)の出身とする説も有力である。

図1-13　天宥別当の両親の供養碑

天宥別当は羽黒山内の整備にも努め、山頂に通じる参道の石段や杉並木を整え、参道入り口の祓川《はらいがわの》橋《はし》のそばに、上流から水路を引いて人工的な須賀の滝を造ったりもした(図4-9参照)。しかし、天宥は後継者争いや庄内藩との摩擦などから、寛文八年(一六六八)に失脚して、伊豆の新島《にいじま》に流され、八二歳で亡くなったという。

危機の時代から隆盛へ

ところが、羽黒山全山が天台宗に統一されたことによって、三山の内部で天台宗と真言宗との間の争論が勃発するのである。

のちに述べるように、出羽三山を取り巻く地域には、「八方七口《はっぽうななくち》」と呼ばれる登拝口が存在し、近世には各口に信者の登拝を統括する権限を持つ別当寺《べっとうじ》が立地していた。日本海に面する庄内地方の羽黒山、および内陸側の岩根沢と肘折の三口には天台宗、庄内側の大網と七五三掛《しめかけ》、および内陸側の本道寺《ほんどうじ》と大井沢《おおいさわ》の四口には真言宗の別当寺が存在したが、両者が湯殿山の祭祀権をめぐって対立を繰り返した。

江戸時代前期の寛永・寛文年間の二度にわたって繰り広げられた争いは、「両造法論《りょうぞうほうろん》」と呼ばれている。幕府の寺社奉行にまで提訴に及んだといわれるが、裁定についての公式文書は残されていない。寛文五年(一六六五)に天宥別当が提出した訴状では、湯殿山と関わりの深い真言宗の四口は三山の法頭・執行職を兼任する羽黒山別当にしたがわないとし、湯殿山四口の側はこれに対して、湯殿山は弘法大師が開いたものであるから、真言宗四カ寺が管理するのは当然で、天台宗に改宗した羽黒山は、その権利を放棄したと反論した。ただ、裁定の結果として、羽黒山と月山は天台宗側に祭祀権が、湯殿山は真言宗側に祭祀権が認められたという。

羽黒山が寛永寺の末寺となったことにより、天宥以降の別当は同じく寛永寺の末寺となった日光山輪王寺《りんのうじ》宮門跡《みやもんぜき》から任ぜられることになった。そのために、多くの別当は日光にとどまり、任地の羽黒山へ来る例は稀であったという。後述の松尾芭蕉が羽黒山へ参詣に来た際に面会したのも別当ではなく、別当代の会覚《えがく》であった。

天明の大飢饉(一七八二―一七八七)は、東北地方に大きな被害を与えたが、出羽三山にも深刻な影響が及んだことは想像に難くない。羽黒山頂のご本社の焼失も重なって、一九世紀初頭には、羽黒山は危機的状況を迎えたとされる。ご本社は、さきに述べたとおり最上義光が修築したとされ、明和年間(一七六四―一七七二)に改築されたが、寛政八年(一七九六)に焼失し、文化二年(一八〇五)に再建されたものの、同八年に再び焼失したという。

その疲弊した時期に日光山から羽黒山へ足を運んだのが、文化一〇年(一八一三)に着任した覚諄《かくじゅん》別当である。彼のリーダーシップのもと、文政元年(一八一八)にご本社は再建され、円熟した化政文化のもとで全国的な参詣ブームが起こり、三山参りの参詣者も急増して、出羽三山信仰は最盛期を迎えるに至った。

なお、覚諄別当は、春の峰の座主会《ざすえ》と冬の峰の松例祭《しょうれいさい》における別当の優位性を回復させたり、恩分《おんぶん》（後述）の整理や、天台改宗後も残存していた真言法儀の撤廃などを明文化した「出羽国羽黒山掟」および「出羽国羽黒山下知状」を文政四年（一八二一）に交付するなどした。

覚諄別当は南谷《みなみだに》（後述）にある墓碑銘によれば、越前国で生まれ、幼少期に白山平泉寺《はくさんへいせんじ》で剃髪し、比叡山から東叡山を経て、日光山医王院に至ったという。宗教者の定着が促されるようになった近世後期においても、各地の霊山を遍歴した宗教者が存在したことは興味深いものがあり、彼が改革者となったことの意義は大きいといえよう。

さらに、文政六年（一八二三）には東叡山を通して朝廷に働きかけ、羽黒権現は式内社の伊氐《いで》波《は》神社であるとして、「出羽神社羽黒山三所権現」に正一位の位階を賜ることに成功した。また開山者の能除太子に照見大菩薩《しょうけんだいぼさつ》の諡号が授けられるなど、当時の神道の影響を受け入れた動きもみせている。戸川安章によれば、この時に三山の御影札《みえふだ》が書きかえられ、それ以前は湯殿山大日如来を中央に、右に羽黒山観世音菩薩、左に月山阿弥陀如来であったのを神像に直し、中央に勅宣正一位出羽神社羽黒山稲倉魂尊《うかのみたまのみこと》、右に月山月読尊《つきよみのみこと》、左に湯殿山と改めたという（『修験道と民俗宗教』）。

このことは、田中秀和が指摘したように、明治維新時の神仏分離の先取りであったといえようか。幕末の国学の隆盛などの影響を受けて、たとえば、水戸藩では、寺社整理にともなう廃仏がおこなわれた。このように神仏分離に関する研究は、田中の指摘のように明治維新時の動向のみならず、近世から近代にかけての長い時期にわたる変革として把握することが必要となろう。ただし、出羽神社羽黒山三所権現に位階を授かったことが神仏習合とみなされ、神仏分離が徹底的に断行されたとする戸川安章の見解もみられる。

近代　神仏分離と山伏修行

明治維新は、修験道全体にとって、受難の時代であった。修験道は神仏習合の典型例であり、本尊は熊野大権現、戸隠大権現、羽黒大権現などと、インドの仏が日本の神に姿を変えて現れた権現であるとされたことはすでに述べた。しかし明治新政府は、慶応四年(一八六八)に神仏判然令《しんぶつはんぜんれい》と総称される一連の通達を出し、神仏分離を強行した。

まず、三月一三日の布告では、王政復古、祭政一致、神祇官《じんぎかん》再興の理念と全国の神社・神職の神祇官への附属という、基本的な原則が示された。ついで、三月一七日には、諸国の神社に別当・社僧などと称して神勤している僧職身分の者に対して、復飾《ふくしょく》(還俗)が命じられた。さらに、三月二八日の布告では、権現などの仏語をもって神号としている神社は由緒書を提出すること、そして仏像を神体としている神社はそれを改め、本地仏や鰐口《わにぐち》・梵鐘・仏具などは取り除くことと、礼拝対象について定めた。こうした結果として、比叡山麓坂本の日吉大社《ひよしたいしゃ》のように、いわゆる廃仏毀釈《はいぶつきしゃく》が生じた事例もみられる。

そのために各地の霊山では、神と仏を別々の存在として、境内地を分離して、それぞれを祀ることには、たいへんな困難がつきまとった。大別すれば、神道を中心とした山岳信仰は現在まで存続し、仏教を中心とした山岳信仰は衰退した例が多い。

神仏分離にともない、明治五年(一八七二)に修験宗は廃止されたため、修験者は神官になるか、僧侶になるか、宗教者を辞めて還俗するかを迫られることになった。出羽三山においては、戊辰戦争で庄内藩が最後まで新政府軍に抵抗していた影響から、明治二年五月になって、神仏判然令が伝えられた。

当初は東叡山や平泉の中尊寺を通じて仏教にとどまろうとする動きもみられたが、羽黒山内の清僧修験《せいそうしゅげん》は翌年末に復飾神勤して、仏像などを一部の寺院に集め、羽黒山は出羽神社と改められた(現在の出羽三山神社)。当時の別当であった官田《かんでん》は、荒沢寺や開山堂、五重塔、南谷、吹越《ふきごし》を仏地として残すこと、月山山頂は神社とするが、胎内岩付近は仏地とすることなどを取り決めた。

しかし、それは、表面的なかたちばかりの対応でしかなかった。実際の神仏分離への道筋をつけたのは、明治新政府から派遣され出羽三山神社初代宮司となる西川須賀雄《にしかわすがお》（一八三八―一九〇六）であった。

西川は佐賀県小城《おぎ》市の出身であり、小城市にある須賀神社（江戸時代は祇園社）の社家に生まれた。同郷の柴田《しばた》花守《はなもり》など、佐賀藩の国学者たちから教えを受け、廃藩置県後は上京して、教部省に属し、明治六年（一八七三）に羽黒山へ赴任してきた。赴任が神仏判然令からかなり遅れたのは、さきに述べたように戊辰戦争の余燼が冷めるのを待ったことと、出羽三山の内部では遅々として神仏分離の改革が進まなかったこと、さらに明治四年の寺領上知《あげち》令《れい》によって羽黒山は一五〇〇石の禄を失い収入源を断たれたこと、明治五年の修験宗廃止など、さまざまな理由があったと思われる。

がんらい手向に居住する修験者は、妻子を持ち、髪の毛を伸ばした姿であった。多くの場合、彼らは専業の宗教者というよりは、さまざまな職業に就きながら宿坊を営んで参詣者受け入れなどの宗教活動もする、いわば兼業であったとされる。彼らは妻帯修験《さいたいしゅげん》と称された。いっぽう、妻子を持たず専ら修行と布教に専念する修験者を清僧修験と呼ぶ。

西川は、すでに復飾していた羽黒山内の清僧修験の院坊を破却して、山内から追放した。仏教徒に転じていた手向の妻帯修験にも復飾神勤を求めて、神道への転換を迫った。このような西川の急激な宗教改革は、地元との軋轢を生じさせることとなったが、やがて大勢は神道化へと動いてゆくこととなった。

西川は、明治七年(一八七四)に羽黒山頂の開山堂を蜂子《はちこ》神社と改め、国幣中社の月山神社、同小社の出羽神社、湯殿山神社の三社の宮司となった。本道寺・大井沢・岩根沢・田麦俣《たむぎまた》には社務出張所が設けられた。手向の妻帯修験たちは、いったん天台宗に帰入したものの、西川が組織した赤心報国教会(翌年に敬愛教社と改称)へしだいに属していった。この組織が宿坊と各地の信者との以前からのつながりを認めて、霞場と檀那場の権利を保障したからであった。

改革の大任を果たした西川は、明治九年(一八七六)に千葉県の安房神社宮司へ転任することとなり、出羽三山を離れた。その後、柴田花守のもとで教派神道のひとつである実行教《じっこうきょう》(富士山信仰)の布教に取り組み、晩年は故郷に戻って亡くなった。須賀神社境内には、彼の記念碑が建立されている。

翌明治一〇年には、出羽三山と鳥海山の女人禁制が解禁されたが、明治一一年秋に山頂の月山神社が焼失し、女人禁制解禁の祟りと噂され、庄内出身の国学者であった第二代宮司の星川《ほしかわ》清晃《きよあきら》(一八三〇―一八九四)が辞任した。後任の物集高見《もずめたかみ》宮司は敬愛教社の組織を整備して、霞場と檀那場の権利を神社から授与する形式に改め、宿坊との融和を図った。物集高見(一八四七―一九二八)は、国学者・国語学者であり、明治一二年から出羽三山神社第三代宮司を務め、国語辞典『日本大辞林』を編纂したことでも知られる。

明治一七年(一八八四)には、山先達なしに出羽三山に自由に登ることが認められ、さきに述べた前近代における信仰登山の規制が消滅するに至った。

八方七口の別当寺のうち、七五三掛注連寺と大網大日坊は真言宗寺院として存続する道を歩んだ。残る別当寺は神道に変わり、三山神社となって、三山の祭祀全体をつかさどる社務所が手向に置かれた。

つまり、近世にはそれぞれの別当寺が三山の祭祀権を分有していたのが、近代に入ると、羽黒山の三山神社に祭祀権が一括されることになった。注連寺と大日坊は湯殿山の祭祀権を失うに至ったのである。

ただし、神仏分離によって神道化していった羽黒山でも、手向の三〇〇余りの宿坊のうち、正善院《しょうぜんいん》のみは仏教寺院として残った。山内と山麓の境内地も神と仏に分割された。羽黒山の奥の院とされ、近世には女人禁制の地であった荒沢三院は荒沢寺という仏教寺院として正善院のもとに引き継がれ、正善院の向かいに位置する黄金堂も仏地として残った。もちろん、羽黒山頂のご本社は三神合祭殿として、神社となった。こうして羽黒山の重要な聖地が神仏双方に巧みに分割される結果となったわけである。この点については、章を改めて詳しく述べたい。

そして、羽黒修験が伝統的にとりくんできた修行である「秋の峰」も、神道側と仏教側に分かれて、それぞれ実施されることになり、現在に至っている。峰入りは宗教者としての入門修行であるために、かつては神仏の双方に峰入りすることは困難であった。だが、しだいに両者の歩み寄りがみられ、最近では、双方に峰入りする者の姿もみられるという。

神仏分離の当初は、明治政府の意向を受けた強硬な進め方に、地元の反発もあったそうだが、時間をかけて折りあってゆき、仏教寺院として残った正善院を除く宿坊は神道に転じた。

安丸良夫は、「一片の布告や西川たち少数の神職の活動によって、あの強大な羽黒修験でさえ、さまざまの葛藤をともないながらではあるが、国家の設定した宗教体系のなかにともかくも包摂されていったことの方に驚くべきであろう」(『神々の明治維新』)と述べる。ただ、大正年間に神社の社務所が焼失したり、関連する史料の多くが未公開ということもあって、その包摂過程の解明は、今後の課題といえよう。

戦後の変容

神仏分離とともに、もうひとつの大きな変革のきっかけは第二次世界大戦であった。多くの若い男性が徴兵されたことによって、日本各地で伝統的な民俗儀礼や宗教行事が実施できなくなった例も多かったが、とりわけ、山岳信仰は男性の信仰という側面が強かったために、信者の組織である「講」の運営が困難になる場合もあったとみられる。

山伏であった夫の留守を預かる妻が、山伏の資格を持ちたいとの意向が強くみられ、羽黒山の場合、仏教側では、戦時中に女性の峰入りを認めることとなった。ただし、神道側の秋の峰は今も男性だけでおこなわれ、一九九三年の羽黒山の開山千四百年を記念して、女性の神子《みこ》修行が、秋の峰とは別の日程で始められ、今も続いている。

この神子修行は、男性の秋の峰が神事に火を用いることが多いのに対し、水を多く用いる神事を中心におこなわれている。ただ、この神子修行をもって、峰入りを女性に開放したといえるかどうかには疑問が残る。

図 1-14　出羽三山歴史博物館

図 1-15　いでは文化記念館

第二次大戦後は、それまでの国家神道

の時代が終焉した。出羽三山神社は神社本庁のもとで宗教法人となるが、手向には、出羽三山神社に属することなく、独立した単立宗教法人の道を歩む宿坊もいくつか現れ、仏教寺院の正善院も天台宗から独立して羽黒山修験本宗となった。高度成長期以降は、農業人口の減少や信者の高齢化によって、宿坊の経営は減少傾向にある。農家が耕地を拡大して、大規模化して生き残りを図るのと同様に、宿坊も檀那場の権利を譲り受けて、大規模経営に向かう例が現れてきている。近年は、伝統的な景観であった茅葺屋根の宿坊も数えるほどしか残っていない。

いっぽう、高度成長期には、各地で乱開発が相次いだ。出羽三山でも、月山八合目から車道を延長して、月山山頂を経て、西川町志津までの観光道路計画が立案され、その反対運動を契機に、一九七〇年に「出羽三山の自然を守る会」が結成された。同会は月山山麓のブナ林伐採中止を求める取り組みなど、息の長い自然保護活動を今日まで継続してきた。

一九七〇年には、羽黒山頂に近代的な出羽三山歴史博物館が開館して、鏡池から出土した銅鏡など、出羽三山ゆかりの文化財を展示する場が整備された。神道と仏教に分かれた信仰を再び統合することは困難といえるが、一九九〇年代に入って、羽黒山への入り口にあたる随神門《ずいしんもん》(旧仁王門)のすぐそばに、羽黒町立(当時)の「いでは文化記念館」もオープンした。

この施設は戸川安章の指導と監修のもと、出羽三山マンダラと呼ぶべき、出羽三山の信仰世界を表現した概念図や年中行事の映像が展示されるなど、山頂の博物館を補う役割を果たした。とりわけ、神道・仏教にかかわらず幅広く文化財を展示するなど、神道側と仏教側の橋渡しを実践している意義は大きい。

第二章

出羽三山参りと八方七口

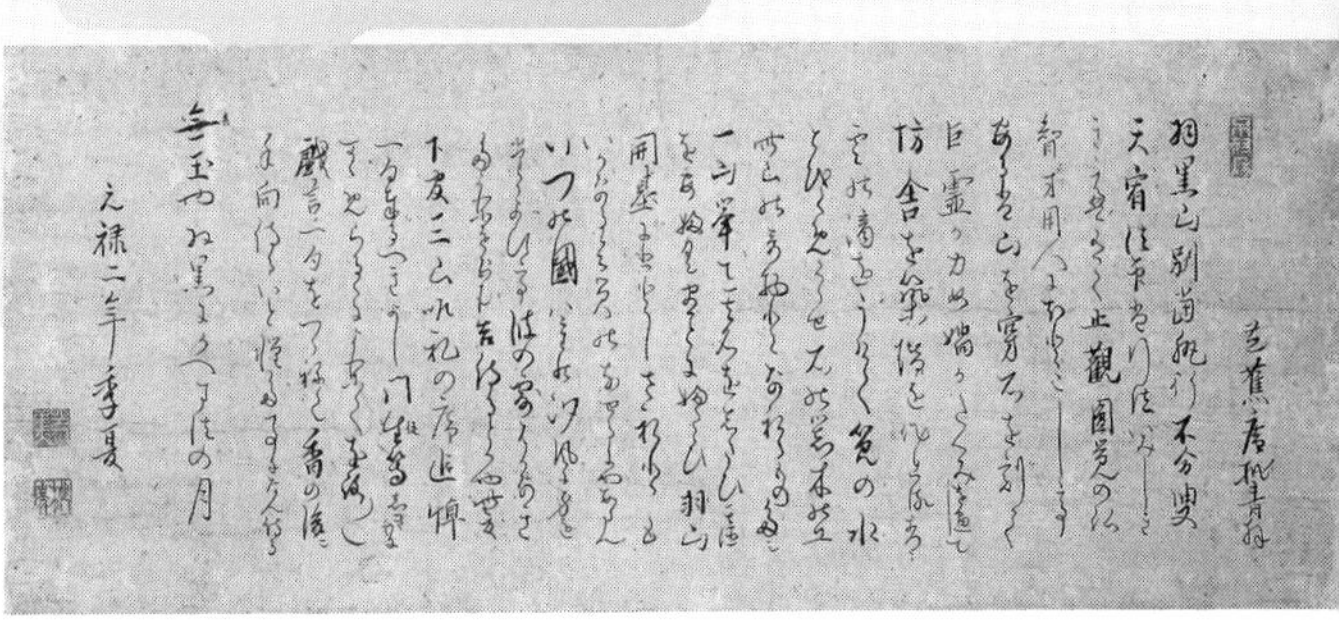

芭蕉自筆「天宥別当追悼句文」(釈文は76頁参照)

信仰の広がりを考える

第一章では、出羽三山信仰の歩みを、宗教者の活動という観点から述べてきたが、本章では、信仰の広がる地域における信者および参詣者の視点からまとめてみたい。

出羽三山信仰は、東日本一帯に広く分布していたといわれる。では、いったいどのように、信仰の存在が確認できるのであろうか。その手がかりとなるのが、月山・湯殿山・羽黒山の名称を冠する神社(末社)や、それらの山の名前を刻んだ石碑の存在である。たとえ、現在はその場所に信仰が残っていなくとも、かつてその地に出羽三山信仰が存在したことを確認することが可能となる。

まず、末社の分布について検討してみよう。末社とは、本社から分霊したご神体を祀る神社を指す。出羽三山の末社を『全国神社名鑑』より拾い出すと、北は北海道から南は関東・信越まで、一都一道一四県にわたる広範囲に拡散していることが知られる。末社ごとに、その分布を比較すると、羽黒神社ないし出羽神社の末社は広範に分布しているのに対し、月山神社の末社は北東北に、湯殿山神社の末社は福島県から北関東に偏在している。

すなわち、羽黒・出羽神社の分布は、後述の羽黒山手向《とうげ》の広大な勢力圏に対応し、湯殿山神社の分布は、旧真言宗系の湯殿山四カ寺の勢力圏に対応しているものと解釈される。月山神社の分布は、羽黒山の布教地域のなかでも古い勢力圏である「霞」の分布に対応しており、出羽三山のなかで、月山信仰が歴史的に古いことを示唆するものとなっている。

ただし、この分布は現代における末社の空間的広がりを示したものである。明治初期の神仏分離や明治後期の神社整理にともない、社名の変更や合併が頻繁に生じたために、実際に本末関係が存在するかどうか確認することは困難な場合が多い。

各地に残る出羽三山碑

次に、石碑の空間的分布について検討しよう。「出羽三山碑」と総称される石碑群は、参詣の記念碑として、信者たちが地元に建立したものである。ここで筆者が使用した石碑のデータは数十年前の古い刊行物からのピックアップにとどまり、近年の調査状況を反映してはいないが、おおまかな傾向を把握することには問題なかろう。

出羽三山の信仰碑は、東北六県と関東一都六県、および新潟県で、その存在が報告されてお

表1　出羽三山碑の県別分布

	合　計	うち三山碑	割　合（%）
青森	15	14	93
秋田	17	10	59
岩手	106	70	66
宮城	71	5	7
福島	50	4	8
山形(庄内)	86	7	8
山形(最上)	21	1	5
山形(村山)	187	3	2
山形(置賜)	151	2	1
新潟	24	0	0
栃木	55	1	2
茨城	19	16	84
群馬	7	7	100
千葉	128	122	95
東京	11	10	91
埼玉	20	17	85
神奈川	13	11	85

り、その後、北海道および山梨・長野・静岡・愛知県でも存在が確認された。建碑数は、一九世紀に入って急増しており、幕末の出羽三山信仰の隆盛をうかがうことができる。県ごとでは、山形・岩手・宮城・千葉県に多く分布し、後述の「講」の分布との対応関係がみられる。

出羽三山の信仰碑は、碑面に「湯殿山」とのみ刻んだ石碑と、「月山・湯殿山・羽黒山」の三山の名を刻んだ石碑とに大別できる(図2-1)。この二種の石碑の構成比を比較すると、各県ごとに明らかな差異がみられる(表1)。

すなわち、宮城・福島・山形・新潟・栃木県においては、湯殿山碑が圧倒的多数を占めるのに対し、秋田・岩手県では、三山碑がやや上回り、青森県および栃木県以外の関東各県では三山碑が大多数を占める。

図2-1　湯殿山碑・三山碑・八日塔

こうした分布の違いは、先の末社の分布と対応関係にあるといえる。つまり、湯殿山神社が多く分布する地域に重なり、近世には湯殿山四カ寺の勢力圏であった。三山碑の多く分布する地域は、湯殿山碑の分布する地域より外側に位置しており、羽黒山手向の信仰圏の外縁部に相当する。すなわち、両者の勢力圏が競合する地域においては、湯殿山碑が多くみられ、羽黒山のみの勢力圏内においては、三山碑が多くみられるという対照性が確認できる。

また、時代的変遷でいうと、明治の神仏分離以降は三山碑が大部分を占めるようになり、しかも、それまでは石碑の中央に湯殿山が刻まれていたのが、月山が中央に刻まれるように変化する(図2-2)。これは、前章で述べたように、羽黒山が三山の祭祀権を独占するに至ったことの反映であろう。

図 2-2　月山が中央に刻まれた三山碑(木更津市有吉地区)

なお、羽黒山を中央に刻んだ石碑は、千葉県内に唯一の事例が存在するのみで、きわめて例外的なものであるといえよう。これには、前述の覚諄別当の改革にともなう三山の御影札の書きかえで、羽黒山が中央におかれたことが影響しているのかもしれない。

以上のように、石碑の分布と変遷の中に、出羽三山の八方七口の登拝口の信仰圏の動態を読み取ることが可能であり、江戸時代前期の両造法論における天台宗系と真言宗系の対立が反映していることが明らかとなった。

八方七口の登拝口

ここまでにもふれてきたように、江戸時代には、出羽三山を取り巻く山麓に七カ所の登拝口が存在した。日本海側の庄内地方には、羽黒口(手向)、および鶴岡と山形を結ぶ六十里越《ろくじゅうりごえ》街道に沿う七五三《しめ》掛《かけ》口・大網《おおあみ》口があり、内陸部の最上地方には肘折《ひじおり》口、村山地方には本道寺《ほんどうじ》口・岩《いわ》根《ね》沢《さわ》口・大井《おおい》沢《さわ》口が存在した。

そして、それぞれの登拝口には、羽黒山寂光寺《じゃっこうじ》、七五三掛注連寺《ちゅうれんじ》、大網大日坊《だいにちぼう》、肘折阿吽院《あうんいん》、本道寺、岩根沢日月寺《にちがつじ》、大井沢大日寺《だいにちじ》の別当寺が存在した。これらの別当寺は共同で三山の祭祀権を分有していたこともすでに述べた(図2-3・表2)。

それぞれの門前には宿坊集落が形成され、参詣者でにぎわった。各集落の宿坊の布教担当地域である檀那場《だんなば》は、交通路と大きな関わりがあった。七五三掛口と大網口は庄内地方の南部に位置するため、新潟県方面からの参詣者が多かった。肘折口は最上地方と宮城県方面からの参詣者が多く、「仙台道者《せんだいどうしゃ》」と呼ばれる参詣者もみられた。

それに対して、本道寺口と岩根沢口は六十里越街道を内陸の山形方面から来る参詣者が多く、峠を越えて来る宮城県・福島県方面からの参詣者もみられた。大井沢口は道智《どうち》通りと呼ばれる断層谷をたどって、南の置賜《おきたま》地方から来る参詣者が多く、会津から峠を越えて来る福島県・栃木県方面の参詣者もみられた。

道智上人は、大井沢の別当寺であった大日寺中興の祖とされる僧であり、一四世紀末に西置賜の長井から峠を越えて大井沢に至る道智通りを開いたとされる。慈恩寺宝蔵院で修行したともされるが、羽黒山の古記録である『拾塊集』には、羽黒山住侶道智和尚は曼荼羅堂にいて、男鹿《おが》の新山《にいやま》権現社官職を兼ね、晩年に最上大井沢に隠居した、とある。道智通りは永らく廃道

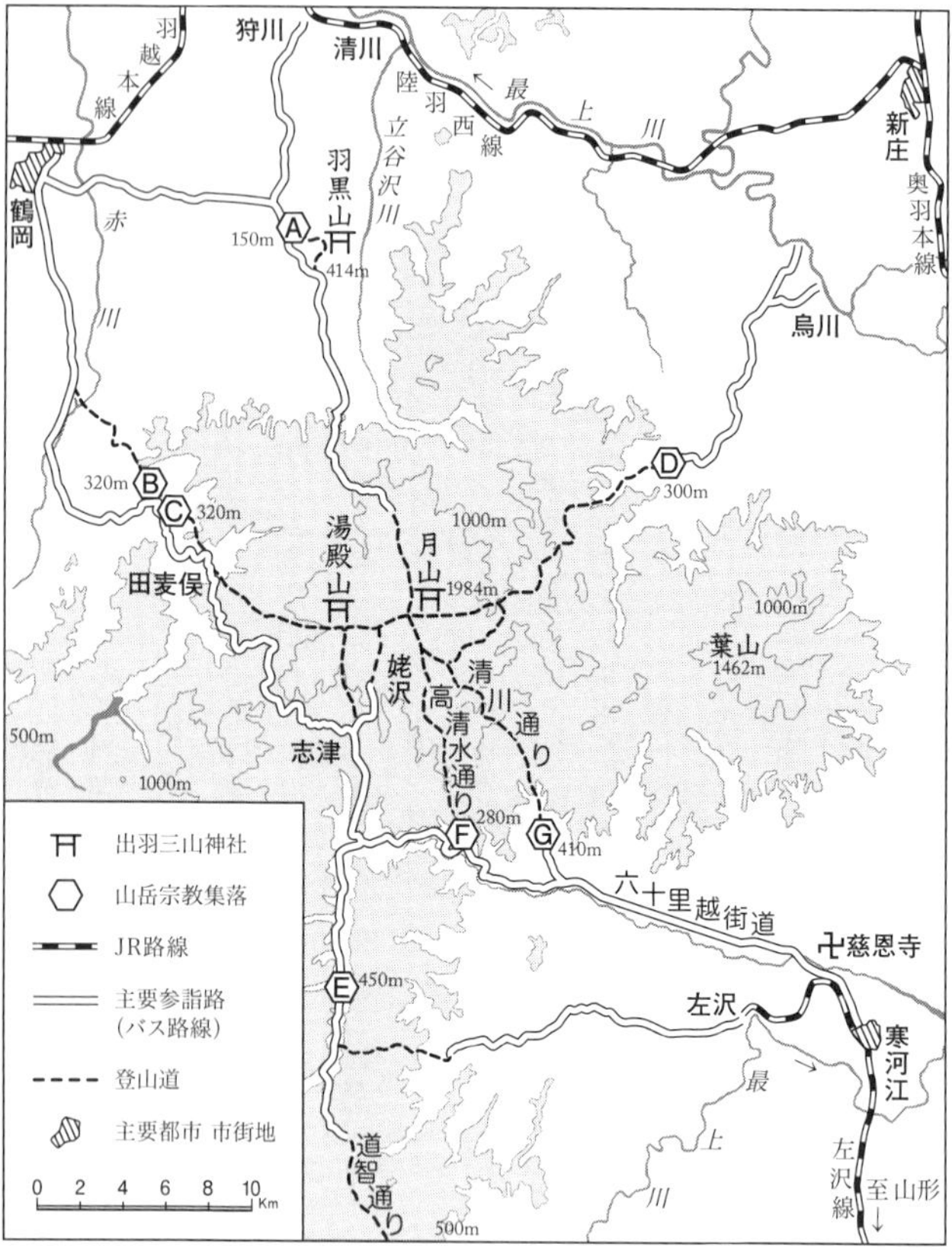

図 2-3　出羽三山周辺概略図

表2　八方七口

山岳宗教集落	登拝口	旧別当寺宗派	旧寺領	寺社明治以降	戸数人口	月山登山者数
A 手向《とうげ》	羽黒口	寂光寺 天台宗	1460石余	出羽三山神社	327戸 1581人	31万4600人
B 七五三掛《しめかけ》	七五三掛口	注連寺 新義真言宗	──	注連寺	148戸 997人	5万1900人 (参詣者数)
C 大網《おおあみ》	大網口	大日坊 真言宗 豊山派	──	大日坊		
D 肘折《ひじおり》	肘折口	阿吽院 天台宗	──	八幡神社	148戸 ──	100人
E 大井沢《おおいさわ》	大井沢口	大日寺 新義真言宗	4石5斗	湯殿山神社	113戸 659人	──
F 本道寺《ほんどうじ》	本道寺口	本道寺 新義真言宗	6石5斗	湯殿山神社	34戸 208人	600人
G 岩根沢《いわねさわ》	岩根沢口	日月寺 天台宗	──	出羽三山神社	74戸 459人	3800人

戸数・人口は1878年(Dのみ1965年)，月山登山者数は1977年の数値.

となっていたが、近年、白鷹《しらたか》町史談会のグループによって、古道踏査がおこなわれている。

この道智通りは、地形学的には断層線上を通っている。地図上を見ると、大井沢の広い谷の北側に月山火山がそびえ、その北側には月山を源流とする立谷《たちや》沢《ざわ》川が流れているが、この谷と大井沢の谷は直線でつながる。すなわち、この断層の隙間から月山火山が噴火したのであった。なお、米沢市立図書館の岩瀬家文書などに、道智通りの参詣路を描いた絵図が残されている。

八方七口の中で、もっとも広く参詣者を集めたのは、羽黒口であった。日本海側からに加えて、内陸側から最上川水運を利用する参詣者もあり、南関東から甲信越まで広範な地域からの参詣者がみられた。のちに詳しく紹介する松尾芭蕉の『奥の細道』の旅でも、新庄付近から川舟で最上川を下り、庄内の清川《きよかわ》で下船して、羽黒山へ至った。その際に詠んだのが、有名な「五月雨《さみだれ》をあつめて早し最上川」の句である。

ただし、不思議なことに、日本海海運を利用して、酒田湊に上陸した参詣者の例は道中日記などの記録でみかけたことがない。九州や四国、瀬戸内海など、西日本からの伊勢参りの旅の行程では、しばしば海運が利用されているのだが、東日本の参詣の旅においては、海運はほとんど使われていない。やはり、自らの足で歩いて神仏に詣でることが、苦行性を有する前近代の信仰の旅の特質であったといえよう。

講・霞・檀那場

出羽三山信仰が東日本一円に広く浸透してきたのに従い、出羽三山参りも広域的な行動空間の中で展開するようになった。

マクロな視点からは、参詣者はどのような経路で出羽三山まで旅しているのか。また、ミクロな視点からは、参詣者は月山・湯殿山・羽黒山を、どのような順序で参詣しているのか。以下では地理学的立場からの分析を試みよう。

出羽三山に限らず、霊山の参詣者は、まず登拝口の宿坊に泊まるのが通例であるが、どの宿坊に泊まってもよいというわけではなく、師檀関係にある宿坊に泊まることが義務づけられている。

宿坊を営む修験者は、各地の信者に布教活動をおこなうが、村ごとに組織された信者の集団は一般的に「講」と呼ばれている。そして、講が分布する村々を檀那場と称し、宿坊ごとに檀那場が定められている。つまり担当地域である。

「檀那場帳」という古文書が残されている岩根沢のふたつの宿坊の檀那場の村々の分布図を作成したところ、数県にわたって広範囲に広がっていることが判明した。だが、その中で、いくつか集中している拠点的な地域があることも明らかになった。檀那場が、ある程度は分散していることで、たとえば飢饉や災害などが発生したとしても、一定の参詣者を確保できるような仕組みであったと考えられる(図2-4)。

出羽三山を信仰する講には、地域によって、さまざまな呼称が存在する。「三山講」や「八日講《ようかこう》」という呼称は広範囲に分布するが、八日講は、湯殿山のお歳夜《としや》(神仏の大晦日)が一二月八日とされることに由来するものである。毎月八日に信者たちが集まって梵天立てなどの祭事

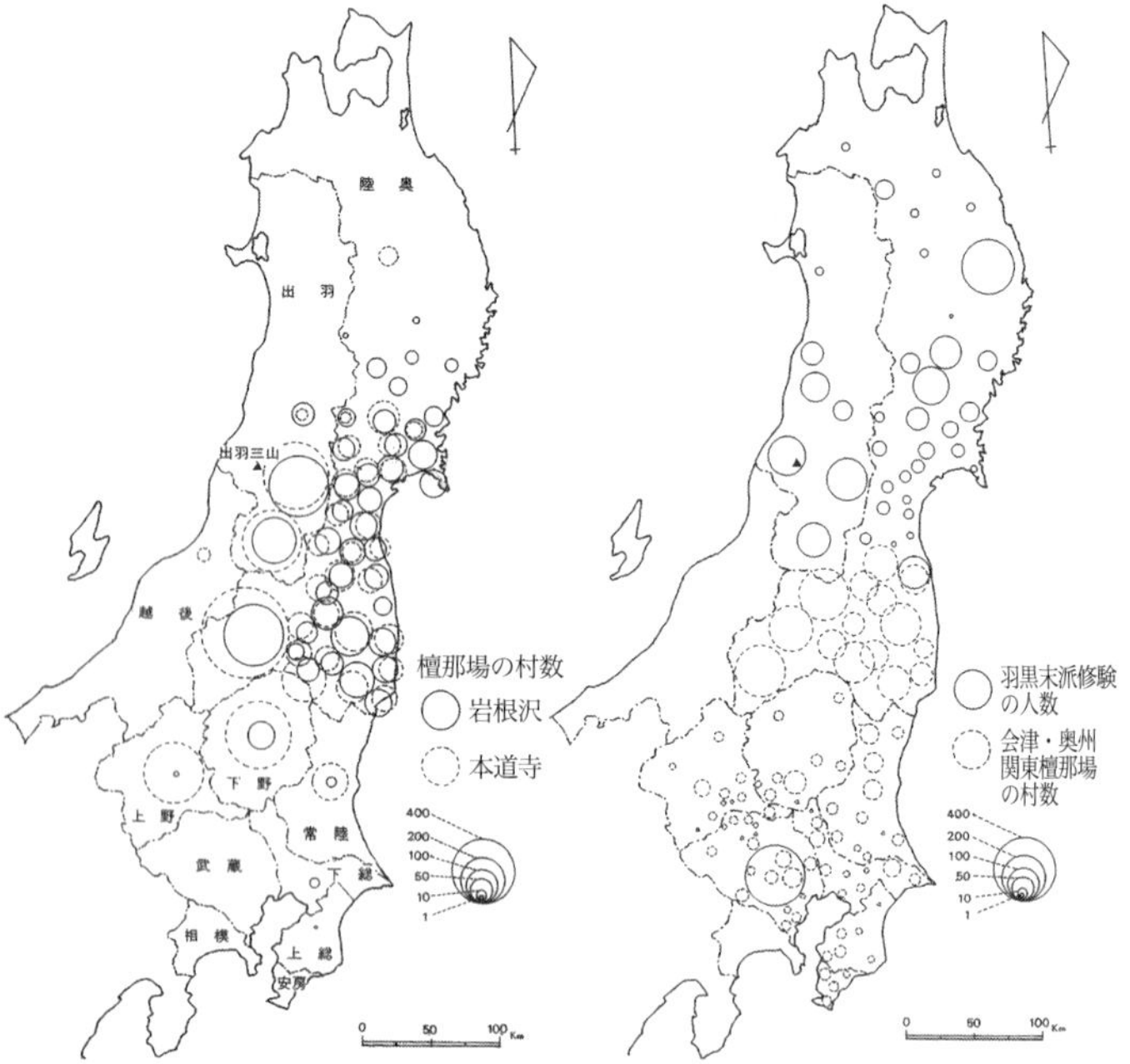

図 2-4　檀那場分布の例．左は岩根沢・本道寺(明治前期)，右は羽黒(江戸中期〜明治中期)

が営まれてきた。「八日塔」の石碑(図2-1)も、この講に由来する。

ちなみに、湯殿山の開山日は四月八日と伝えられるが、いっぽう真冬の一二月八日とも伝えられることは興味深い。雪に閉ざされた中で、もうもうと湯煙をあげる湯殿山のご神体は、山中で修行をおこなっていた修験者によって発見されたのではなかろうか。

岩手県内では、「最上講」という呼称が一般的に使われ、出羽三山に加えて同時に鳥海山にも登拝することが特徴となっている。千葉県内では、「奥参り」もしくは「奥州講」という呼称が用いられ、新潟県内では、「おしも講」と呼ばれる。上方とは逆方向への参詣となるために、下《しも》と呼ばれたのであろう。

ただし、羽黒山手向の宿坊においては、霞と呼ばれる担当地域も存在する。しばしば、山伏は霞を食べて生きている、といわれるが、この霞も信者たちの住む地域を指したのである。羽黒山においては、霞は中世以来のもので、大名家などとの血縁的なつながりが当初は強かったともされる。それに対して、近世に入って、布教を拡大して信者を獲得した地域を檀那場と呼んだ。霞は東北地方を中心に分布していたのに対して、檀那場は関東に広がっていたので、「関東檀那場」と呼ばれることもあった。

手向で宿坊を営む修験者を妻帯修験と呼んだことはさきに述べたが、妻帯修験のなかにもふたつの身分が存在していた。別当直参《じきさん》の「恩分《おんぶん》」と呼ばれる修験者と、「平門人《ひらもんじん》」とである。恩分は別当から霞を支配する免許状を与えられ、帯刀を許され、役職に任じられた。関東に布教して檀那場を開拓したのは、霞をもたない平門人であったという。

積雪の多い山岳においては、信者の霊山参詣は夏季の数カ月間に限られるため、農閑期の冬場には、修験者のほうから檀那場に出向いて、加持祈禱などの宗教儀礼をおこなった。秘伝の薬を信者に配ることもあった。高山植物には、薬草として役に立つものも多くみられたのであるが、この点については、食文化との関連で後述したい。このような相互交流が宗教的な絆を強める役割を果たしてきた。

里山伏の世界

いっぽう、布教地域の村々には、里山伏《さとやまぶし》と呼ばれる宗教者が存在した。本山派や当山派、あるいは羽黒派や英彦山派では、大峰山や出羽三山、そして英彦山においてそれぞれおこなわれる入峰修行に参加すれば、山伏の資格を得ることができた。羽黒山では、清僧修験に院号、妻帯修験に坊号が与えられた。

霊山の山麓の登拝口で宿坊を営む山伏に対して、村々で宗教活動をおこなう山伏を里山伏、あるいは里修験《さとしゅげん》、末派修験《まっぱしゅげん》などと称した。霊山参詣の際は、近隣の村々の参詣者を集めて、彼らが道案内を務めることがあった。この役割を里先達《さとせんだつ》と称した。

里山伏については、小説家の藤沢周平(一九二七―一九九七)が『春秋山伏記』の中で、「村に住む山伏は、ご祈禱で病気をなおしたり、家を建てるとき頼まれて家相を見たり、八卦で失せ物を探したりする。また葬式があった家の火祓《ひばら》いをしたり、村人が神社で三山詣《まい》りの忌籠《いみごも》りをするときは浄火を切り出し、山案内に立つ」と述べている。この表現は、里山伏の宗教的な役割を端的に示したものといえよう。

鶴岡市郊外の高坂《たかさか》(旧東田川郡黄金《こがね》村)に生まれた藤沢は、山形大学地域教育文化学部の前身である山形師範学校を卒業後、地元の湯田川《ゆたがわ》中学校に赴任するが、肺結核のために休職を余儀なくされる。療養生活ののち、業界紙の記者をつとめながら小説の執筆を続け、時代小説・歴史小説の大家となったことは多くの読者の知るところであるが、生涯にわたって、鶴岡の城下町など、故郷への篤い想いを抱き続けた作家でもある。

図 2-5 『春秋山伏記』初版

『春秋山伏記』は、江戸時代、庄内地方のとある村が舞台となっている。羽黒山から派遣された大鷲坊《だいしゅうぼう》という名の山伏と村人との心あたたまる交流が、おおらかな筆致で描かれている。全篇にわたって庄内弁の会話調で書かれており、この作品に対する思い入れがうかがわれる。

また、同書の「あとがき」には、「この小説は、鶴岡の戸川安章氏のご指導がなければ、書けなかった小説である」と明記されているように、執筆にあたり、戸川安章を訪ね、舞台となった庄内の山村にも足を運んだという。自身が羽黒山伏でもあった戸川安章から、的確な示唆を受けたことが実を結び、名文に仕上がった小説となっている。

藤沢はまたエッセイのなかで、羽黒山伏が吹き鳴らす法螺貝の旋律を記憶している、と記し、自分が生まれ育った村には、山伏が羽黒山のおふだを配って回ったり、「おんぎょうさま」と呼ばれる白衣、宝冠《ほうかん》姿の行者（後述する湯殿山の一世行人《いっせいぎょうにん》）がやって来たと回顧している。彼にとって、出羽三山信仰は日常世界のなかに息づいていたのである。

出羽三山ではないがもうひとつ、里山伏の具体例を紹介したい。深谷克己『南部百姓命助の生涯』の主人公、盛岡藩領栗林村の三浦命助《みうらめいすけ》は、嘉永六年（一八五三）に百姓一揆（三閉伊一揆《さんへいいっき》）に加担したのち、故郷を脱出して仙台藩領に逃れ、当山派里山伏の明英として暮らしていた。その生活は、彼の残した日記によれば、病気や門柱立《かどばしらたて》の祈禱や、のこぎりの占いをおこなったり、お守りをこしらえたり、といった宗教的行為より、種まき、草取り、刈り入れなどの農作業に費やす時間のほうが多いほどだった。まさに、半僧半俗とされた山伏の本質を日記からうかがうことができる。

さて、参詣者は里先達に導かれて霊山の登拝口の宿坊に着くと、そこから先の山案内は宿坊の山伏が務めた。この役割を山先達《やませんだつ》と称した。近世の霊山登拝は必ず案内者が同行することが

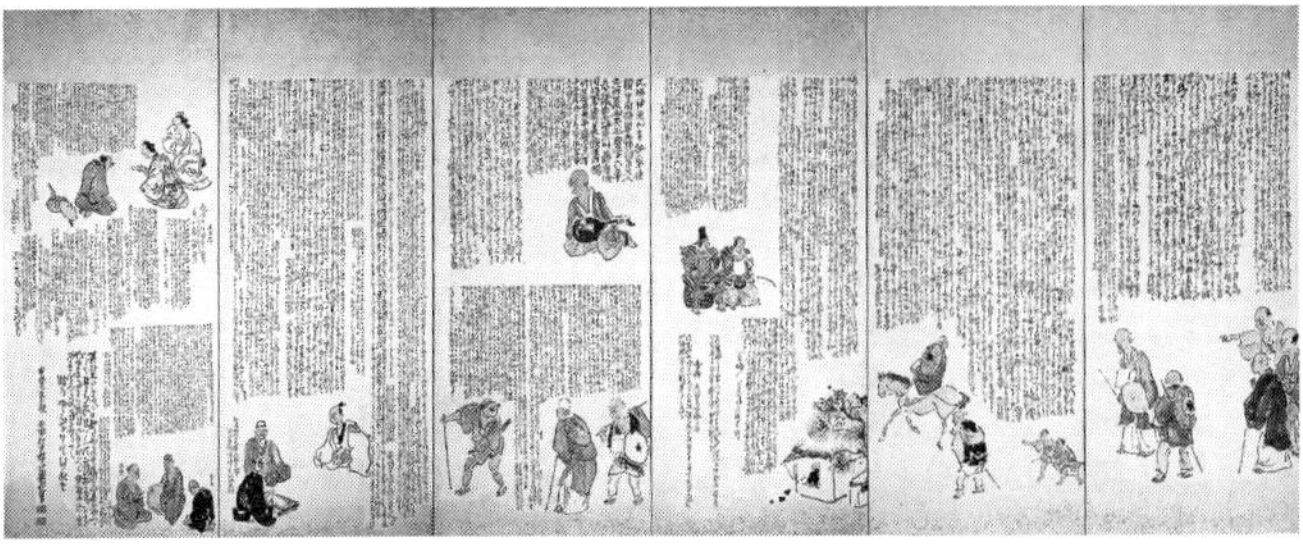

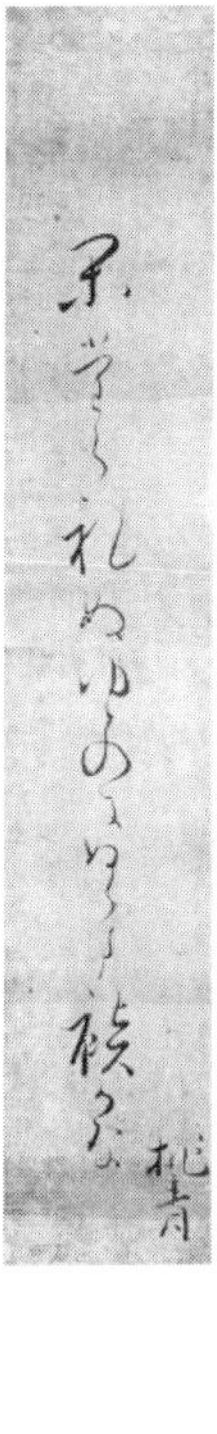

図 2-6　与謝蕪村「奥の細道図屏風」と芭蕉自筆短冊「かたられぬゆどのにぬらす袂かな」

決まりごとのひとつであった。山中を熟知している案内者が同行することによって、遭難などのトラブルを避けることができた。極楽往生をご利益のひとつとした山岳信仰において、山中での遭難死は、いわばタブーであり、それを回避するための方策が山先達によるガイドであった。

松尾芭蕉の三山参り

江戸時代の早い時期に出羽三山参詣の記録を書き残したのが、松尾芭蕉(一六四四―一六九四)である。彼の紀行文『奥の細道』は、出羽三山の名声を広めることに大きく寄与した。芭蕉門下の俳人たちが師を慕って続々と出羽三山に来訪して句を詠んだり、画家でもあった与謝蕪村《よさぶそん》が「奥の細道図屏風」を描くことで、人口に膾炙した(図2-6)。

芭蕉の三山訪問は元禄二年(一六八九)のことである。出羽三山にとっては、ちょうど前章に述べた両造法論がひと段落した時期であったために、天台宗のスパイの役割を帯びていたとする説もある。同行した門人の曽良《そら》は、のちに幕府の巡見使《じゅんけんし》を務めた人物でもあったので、そのような憶測がなされたのかもしれない。直接的に、芭蕉が隠密のような行動をとった証拠はないといえるが、たしかに参詣行程には、のちに述べるように通常の三山参りとは大きく異なる点がある。

また、『奥の細道』に記された三山参りの日程は、昭和に入って再発見された曽良の「随行日記」(旅日記)と比べると、若干の相違がみられる。たとえば『奥の細道』では、六月八日に「月山にのぼる」と記されているが、「随行日記」では、六月六日に月山へ登り、七日に「湯殿へ趣《(ママ)》」くと記されている。

日程としては曽良の記述が正しく、芭蕉は文学作品としての価値を高めるために潤色を施したものと解釈されている。単なる誤記などとする解釈は論外として、月山に登るに際して、月が少しでも満ちる日付にしたとの解釈があるのは興味深い。さらに、湯殿山の縁日が八日であることを芭蕉が見聞していたとすれば、それもひとつの解釈になろうか。いずれにしても、下山後ただちに句を詠じたとするほうが効果的であることは疑いなかろう。

さて、「随行日記」によれば、芭蕉一行は六月六日、羽黒山から月山山頂に登って泊まり、翌日に湯殿山へ下って、ご宝前《ほうぜん》(ご神体)に参拝した後、帰路も再び月山山頂へ登り直して、羽黒山へ下山している。しかし、芭蕉以降に数多く残されている参詣記録の行程をみても、このように羽黒山から月山を経て湯殿山に詣で、再び同じ道を戻る例はほとんどない。

もちろん、例外はあるのだが、それらのほとんどは俳人による参詣であり、芭蕉の足跡をたどった旨が明記されているのである。なぜ、このような行程をたどったのであろうか。前述のスパイ説では、天台宗の隠密ゆえ、湯殿山方面の真言宗の登拝口には下山しなかったとの説明がされることもある。

曽良の「随行日記」を読む際に注意すべき点がある。記述の中に、実際の行程に加えて、現地での伝聞が交えられていることである。活字本ではそれが区別しづらいが(岩波文庫では、伝聞の部分が( )でくくられている)、影写本を見れば、伝聞については、小さな文字で二行にわたり記されていたり、欄外に記されたりしているので、すぐに判別できる。なお、原本は天理図書館に所蔵され、影写本は『天理図書館善本叢書 芭蕉紀行文集』に収録されている。

たとえば、月山八合目の弥陀原《みだがはら》で、「是ヨリフダラ、ニゴリ沢・御浜ナドト云ヘカケル也」

芭蕉「天宥別当追悼句文」

芭蕉庵桃青拝

羽黒山別当執行《しゅうぎょう》不《ふ》分叟《ぶんそう》天宥法印《てんゆうほういん》は、行法いみじききこえ有て、止観円覚《しかんえんがく》の仏智才用、人にほどこして、あるは山を穿《うがち》、石を刻て、巨霊が力、女媧《じょか》がたくみを尽して、坊舎を築、階《きざはし》を作れる。青雲の滴《したたり》をうけて筧《かけい》の水とをくめぐらせ、石の器、木の工《たくみ》、此山の奇物となれるもの多シ。一山挙て其名をしたひ、其徳をあふぐ。まことにふたたび羽山開基にひとし。されども、いかなる天災のなせるにやあらん、いづの国、八重の汐風に身をただよひて、波の露、はかなきたよりをなむ告侍るとかや。此度、下官《やつがれ》、三山順礼の序《ついで》、追悼一句奉るべきよし、門徒等しきりにすすめらるるによりて、をろをろ戯言一句をつらねて香の後ニ手向《たむけ》侍る。いと憚《はばかり》多事になん侍る。

其《その》玉《たま》や羽黒にかへす法《のり》の月

元禄二年季夏

と記されているのは、そこから月山山中の聖地のひとつ、東補《ひがしふ》陀落《だらく》へ下る道があることを、現地の小屋で聞いたことによるだろう。湯殿山へと向かう途中の牛首《うしくび》（丑首）での「本道寺へも岩根沢へも行也」の記載も、月山山頂と牛首との間にあった鍛冶小屋で聞いた情報であろう。湯殿山でも「御前〔ご宝前〕ヨリスグニシメカケ・大日坊へカカリテ鶴ケ岡へ出ル道有」は欄外に記されている。この点を理解していないと、芭蕉一行は湯殿山から下って即身仏《そくしんぶつ》を拝んだかもしれない、などといった時間的にも空間的にも無理のある説が生まれることになる。

芭蕉は、三山参詣の前後の二日間ずつ羽黒山に滞在して句会などを催していたのであり、もしかりに湯殿山から大網方面へいったん下山すれば、再び羽黒山へ戻るには、六十里越街道を通って大きく庄内平野を迂回せねばならなくなる。距離的にも時間的にも、やはり再度、月山へ登り直したほうが、羽黒山へ戻る近道であった。この長い行程に、芭蕉の疲労の色が濃かったことが、『奥の細道』の「息絶身《たえ》こごえて頂上に臻《いた》れば」という記載や、「随行日記」の「甚労ル」という記載からも読み取れる。

さて芭蕉は、三山のそれぞれを句に詠んでいる。まず、羽黒山本坊での俳諧興行で「有難や雪をかほらす南谷《みなみだに》」、そして月山からの下山後に、「三山順礼」の次の句々を短冊に書いている。

涼しさやほの三か月の羽黒山
雲の峰幾つ崩《くずれ》て月の山
語られぬ湯殿にぬらす袂《たもと》かな
湯殿山銭ふむ道の泪《なみだ》かな　　曽良

図 2–7　羽黒山南谷

芭蕉が滞在したのは、羽黒山の南谷という、三の坂の入り口から南へ少し入ったところで、当時は別当寺の別院とされていた(図2－7)。南谷には天宥別当が大伽藍を築いて、紫苑寺《しおんじ》と称する別当寺としたが、芭蕉の来訪前に焼失したという。

今は庭園跡と心字《しんじ》池《いけ》および礎石が残るのみであるが、芭蕉が滞在時に南谷で残雪を目撃したとすれば、江戸時代前期は年平均気温が現代より数度低い小氷期と呼ばれる寒冷期であったことが実証されたことになるだろうか。「涼しさや」の句碑も南谷にあるが、前述の覚諄別当が建立したという。

それに対し、月山の句は、いかにも夏山らしいものであるが、注目したいのは湯殿山を詠んだ三句目と曽良による四句目である。『奥の細道』の本文にも「此山中の微細《みさい》、行者の法式として他言する事を禁ず。仍《よっ》て筆をとどめて記さず」とある。湯殿山のご神体は、いまでも「語るなかれ、聞くなかれ」とか、「聞かば語るな、語らば聞くな」と言われるが、当時から他言無用の秘所であったことが知られるのである。さきに述べたように、特異な信仰対象であったことが、その理由であったと思われる。

また、「銭ふむ道」とは、賽銭がたくさん撒かれた参道を意味しているのであり、湯殿山参詣に際しては、参道に賽銭を撒きながら歩むという不文律があったそうだ。その賽銭を盗みに来る賽銭泥棒に関する古文書も残されている。このことからも、江戸時代には湯殿山が三山の奥の院としての信仰を集めていたことがしのばれる。「随行日記」にも、「散銭弐百文之内。彼是、壱歩銭不餘」とあり、山中で賽銭をたくさん撒いたことが知られる。

なお、本章の扉に掲げた「天宥別当追悼句文」は、芭蕉の羽黒山滞在時に、求めに応じて揮毫されたものとみられ、現在も出羽三山神社に所蔵されている。

出羽三山の名所図会『三山雅集』

江戸時代の旅行ブームの中で生み出されたのが、「名所図会《めいしょずえ》」と呼ばれる絵入りの木版本である。現代の旅行ガイドブックに相当するもので、京や江戸などの当時の大都市の案内本が先行したが、出羽三山でも宝永七年(一七一〇)に初の名所図会となる『三山雅集《さんざんがしゅう》』が刊行された。発起は文殊院呂笳《ろか》(手向の「恩分」の修験者であった芳賀氏)、撰述が荒沢の東水となっているが、この二人の詳しい来歴は不明である。

本書は、三山と付近の名勝を詠んだ俳句・詩・和歌などを集め、また古記録や文献などから

図 2-8 『三山雅集』より

引いた三山の縁起について挿絵を織り込みながら記録したものであり、上巻は最上川や鳥海山からはじめて羽黒山上の御影堂に及ぶ四八枚、下巻は羽黒山頂のご本社から湯殿山に至る七〇枚よりなる。

松尾芭蕉の三山参詣から二〇年余りで刊行された本書には、多くの俳句が収められており、芭蕉来訪時の句をはじめ、貞徳《ていとく》・宗因《そういん》など名のある俳人の句の他に、庄内地方の作者の句も多く、遠く江戸・武州・総州・常州・野州・京・近江・大坂・三河の作者の作品など、広範囲に及んでいる。

しかし、地域的なかたよりが顕著にみられ、地元の羽黒が最多となり、山形県内では山形・米沢・鶴岡・酒田といった城下町・港町の都市部に集中している。序文によれば、『三山雅集』の編纂に際しては、当時の高名な俳人に俳句の奉納を依頼して集めたとのことで、その結果として、俳諧が文化的に流行していた都市部に偏在することになったのであろうか。

芭蕉没後の俳壇は江戸の其角《きかく》と美濃の支考《しこう》が中心となり、前者が都市蕉門《しょうもん》、後者が地方蕉門を代表したとされるが、『三山雅集』の編纂に関わった羽黒の俳人たちは、江戸の都市蕉門とのつながりが強かったと思われる。

羽黒で蕉門の俳人たちと交流の深かったのは呂《ろ》丸《がん》であろう。彼は手向で染物業を営み、『奥の細道』に図司《ずし》左吉《さきち》あるいは近藤左吉として登場する。この時に芭蕉に入門し、のちには奥州行脚中の路通《ろつう》や支考を迎えもてなした。元禄五年(一六九二)には江戸へ旅立ち、深川に芭蕉を訪ねるが、翌春に京で客死した。

呂笳は呂丸の亡き後、羽黒で蕉風を継承したとされるが、芭蕉の来訪以降、『三山雅集』が編纂されるまでの間に、路通や支考の他にも、多くの蕉門の俳人たちが出羽三山を訪れたのかもしれない。

地方の村落レベルで、俳諧結社が組織されて隆盛を迎えるのは江戸後期とされているから、この時期における俳句の奉納は、必ずしも出羽三山信仰の広がりとは一致しなかったといえよう。しかし、『三山雅集』が、その後の出羽三山信仰の普及に大きな役割を果たしたことは疑いなかろう。

信仰の旅における循環的行程

近代の旅は、鉄道など交通機関の発達によって、同じ経路を往復することが一般的になっている。しかしながらさきにもふれたように、前近代の旅においては、むしろ往復同一行程は例外的で、とりわけ庶民の信仰の旅は、行きと帰りで違う経路をたどることが多かった。

徒歩で旅した時代における関東からの出羽三山参りや東日本からの伊勢参りは数カ月ほどの長期間を要し、庶民にとっては一生に一度の機会であった。それゆえ、貴重な機会であるからこそ、行き帰りの行程で、異なる経路をたどって、できる限り多くの神社仏閣や名所旧跡、さらには当時の三都(江戸・京・大坂)を見物しようとしたのである。したがって、その行程は往復が同じではなく、必然的に循環する行程となったといえよう。

現代の海外旅行にはパスポートが不可欠であるのと同じく、江戸時代の旅は通行手形が必要とされた。関所や番所を通過する際には、手形改めと称されるチェックがあった。だが、関所破りは重罪としばしば強調されてきたが、江戸後期の道中日記をみると、有料で関所の迂回路へ旅人を案内する例が存在したことが知られる。

幕末に爆発的に流行した「抜け参り」と呼ばれる、奉公人が主人に無断で伊勢参りに出かける場合などは、明らかに通行手形を持たなかったわけで、今日でも四国遍路でみられる「お接待」と呼ばれる旅人への無料の食事や「善根宿《ぜんこんやど》」と呼ばれる宿泊の提供といったもてなしは、古くから存在した。聖地へ旅立つ参詣者をもてなすことによって、自らにも神仏のご利益があると信じられていたのであろう。

この通行手形を庶民が入手するのは、たやすいことではなかった。故郷を離れて、遠方へ旅に出かけるには、大義名分が必要とされた。そのために、健康の維持回復を目的とする湯治や、神仏に祈る参詣が旅の名目とされたのであった。

このような遠距離参詣の旅費を工面するための仕組みでもあったのが、前述の講と呼ばれる信者組織であった。とりわけ代参講《だいさんこう》と呼ばれるかたちは、たとえば数十軒の家で講を組んでいたとすると、そのうちから一年に数人の代表者をくじ引きで選んで、参詣に送り出す。旅費はすべての家で出し合って積み立てたものをあてたのであった。

そして、二〇年ほどですべての家が参詣を終えた時点で、いったん講を解散する。この全世帯参詣を記念して、さきに述べたような出羽三山碑が建立される場合がよくみられる。この過程はいわゆるワンジェネレーションの世代交代とも一致するのであった。

また、参詣者は出発する前に、一定の期間、家族とは別に行屋《ぎょうや》と呼ばれる小屋に籠もって、精進潔斎《しょうじんけっさい》したものであった。籠もる前には、まわりの草を払い、水垢離《みずごり》の場や行屋の中を掃除

図2-9　置賜地方に残る行屋(農村文化研究所展示)

し、地元の法印さま(里山伏)に祈禱してもらい、御幣《ごへい》を切ってもらったという。

お籠もり中も農作業などはおこなったが、下肥運びなどは不浄として避けた。肉食や飲酒を避けて、家族とは別火を使って調理した精進料理を食べた。行屋の中では、「オヤワラ」(ご飯)など、独特の行屋言葉を使ったという。

参詣中は、留守を預かる家族は村の鎮守や三山碑に毎日お参りし、旅の無事を祈った。そして、参詣者が無事に帰還した際には、サカムカエと呼ばれる歓迎の儀礼がおこなわれた。村境で迎えるから、あるいは逆に迎えに行くから、などと解釈されたりする。講員全員による共飲共食の儀式である直会《なおらい》が開かれ、お土産のお札が配られたりした。

今日では、これらの行屋は物置として使われたり、解体されたりしてしまったが、山形県置賜地方には、いくつかの行屋が保存されている。米沢市上杉博物館の中庭と、米沢市六郷《ろくごう》の農村文化研究所に保存展示されている行屋は、かつての姿をよくとどめている(図2-9)。これらの行屋関連資料は、「置賜の登拝習俗用具及び行屋」として重要有形民俗文化財に指定されている。

遠距離からの三山参りは三山のすべてに参詣することが通例であったが、近距離の三山参りの場合は、むしろ三山すべてに参詣しない例も多くみられた。近在からの三山参りは通行手形を持たずに出かけたのではなかろうか。庄内藩の史料に、内陸からの参詣者が峠を越えて、庄内藩領に立ち入ることに禁令を出した例がある。米沢藩でも、参詣についての禁令を出した例がみられるが、前述の「抜け参り」のような違法な旅行や、庶民の贅沢な旅行を規制する狙いがあったのであろうか。

参詣者の立場としては、内陸から庄内地方の羽黒山手向や大網方面に下山すると、帰路で余分に時間がかかるために、羽黒山には参詣することなしに、湯殿山のみ、あるいは月山と湯殿山だけに参詣することが多かったものと推測される。

出羽三山の道中日記を読む

ここで、いくつかの三山参りの旅の具体的事例を紹介しよう。前近代の参詣記録は二種類に大別できる。芭蕉の『奥の細道』に代表される文人たちが記した紀行文と、農民や町人などの庶民が旅の備忘録として書き残した道中日記があるのだが、まず、道中日記の事例をいくつか紹介しよう(図2－10)。

陸奥国黒川郡成田村(現宮城県黒川郡大郷《おおさと》町)斉兵衛の「湯殿山道中記」は、文久元年(一八六一)七月二〇日から二六日までの同行一八人の旅で、在所から吉岡町、銀山温泉、尾花沢《おばなざわ》、大石田《おおいしだ》を経て、肘折口から月山、湯殿山に参り、志津《しづ》へ下山して、本道寺、寒河江、山寺、二口《ふたくち》峠を越えて仙台へ出て帰宅している。月山へは最も長いルートとなる肘折口を利用した稀な事例で、羽黒山には参詣していない。

ついで、陸奥国白川郡金沢村(現福島県東白川郡矢祭《やまつり》町)清蔵の「湯殿山参詣日記帳」は、文久二年(一八六二)七月一〇日から二六日までの旅で、在所から二本松、板谷《いたや》峠を越えて米沢、大井沢、志津、湯殿山、大網、羽黒山、三瀬《さんぜ》、乙《きのと》、新発田、新潟、津川、柳津、会津若松、白河、棚倉を経て帰宅している。月山に登ったかどうかは不明であり、いったん湯殿山から大網へ下山した後に羽黒山へ参詣している珍しい事例といえよう。

日本海側からの事例として、新潟県中蒲原《なかかんばら》郡満願寺《まんがんじ》村(現新潟市秋葉区満願寺)星野久吾の「三御山参詣諸雑日記」は、明治五年(一八七二)七月一五日から二七日までの旅で、在所から村上、湯田川《ゆたがわ》、金峰山《きんぼうざん》、注連寺を経て、湯殿山、月山、羽黒山に参詣し、松山から鳥海山に登り、酒田、大山《おおやま》を経由し、温海《あつみ》から船で新潟へ出て帰宅している。帰途に徒歩ではなく、船を利用している稀少な事例である。なお、金峰山は鶴岡市街の南約一〇キロに位置する標高四七一メートルの山で、かつては当山派修験の霊山として栄えたが、神仏分離後衰退した。藤沢周平の故郷高坂はその麓の村である。

関東地方からの事例として、下総国葛飾郡日光道中中田山崎(現茨城県古河市中田)今泉吉衛門の「月山湯殿山羽黒山道中日記」は、文政一〇年(一八二七)六月四日から七月二〇日までの旅で、在所から下妻、水戸、八溝山《やみぞさん》、須賀川《すかがわ》、仙台、塩釜、松島、門沢《かどさわ》、銀山温泉、尾花沢、狩川《かりかわ》、羽黒山、月山、湯殿山、鶴岡、新潟、高田、戸隠、善光寺、草津温泉、高崎を経て帰宅している。越後から長野善光寺にまで参詣する大回遊ルートであることが特徴となっている。

同じく下総国葛飾郡野々下村(現千葉県流山市)戸部家文書の「奥州道中記」は、文政七年(一八二四)六月二八日から八月一九日までの旅で、在所から鴻巣《こうのす》、三峰山《みつみねさん》、高崎、榛名山《はるなさん》、草津温泉、善光寺、戸隠、高田、新潟、湯田川、金峰山、鶴岡、羽黒山、月山、湯殿山、本道寺、大沼、寒河江、山寺、二口峠、仙台、塩釜、松島、石巻、鮎川、金華山《きんかざん》、仙台、福島、八溝山、水戸、笠間、加波山《かばさん》、筑波山、土浦を経て帰宅している。往路は善光寺、帰路は金華山にも参詣するという二カ月近い長旅の記録となっている。

こうした遠距離参詣の記録に対し、山形県内からの近距離の三山参りの道中日記は、ほとん

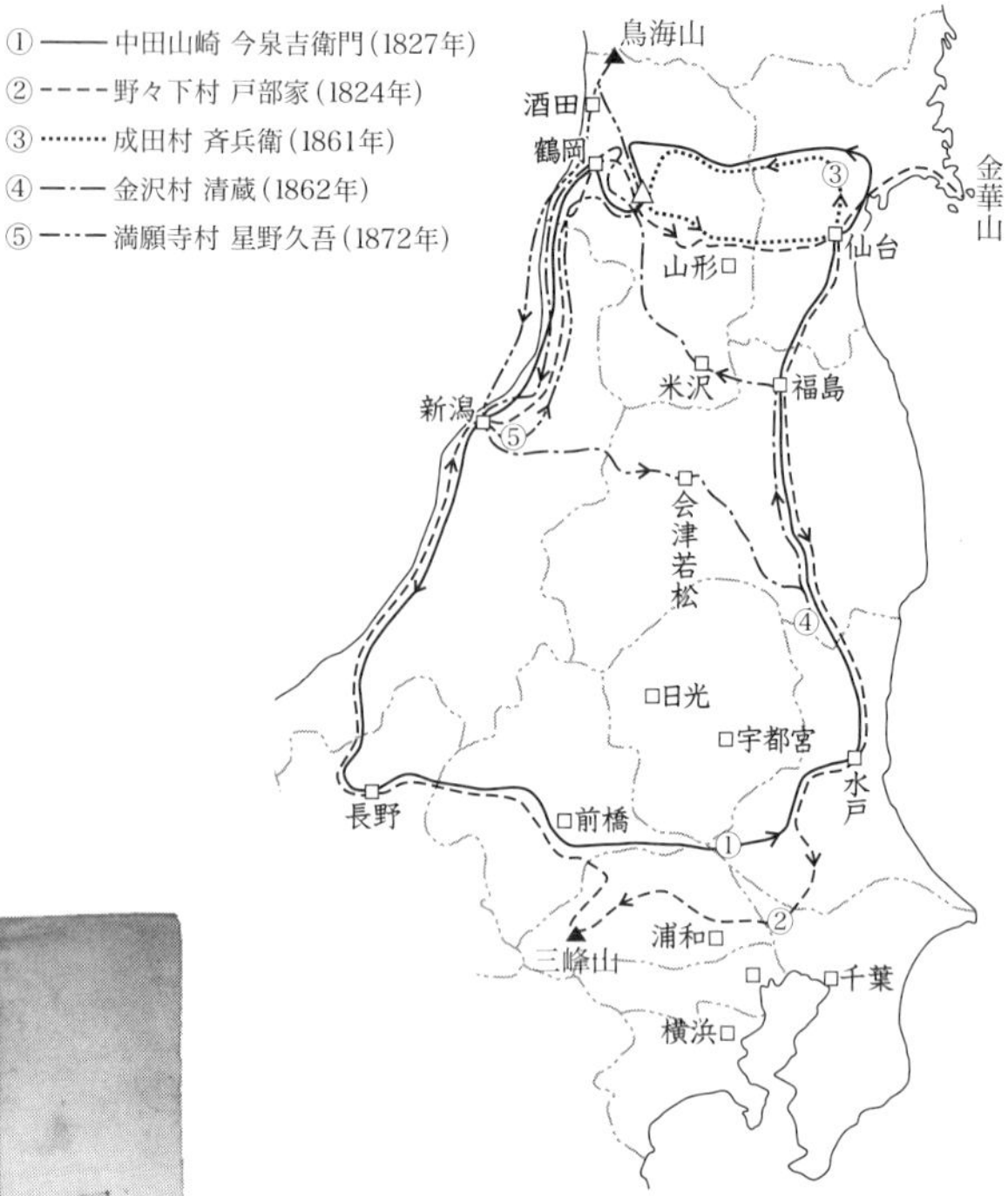

図 2-10　三山参詣ルートの例

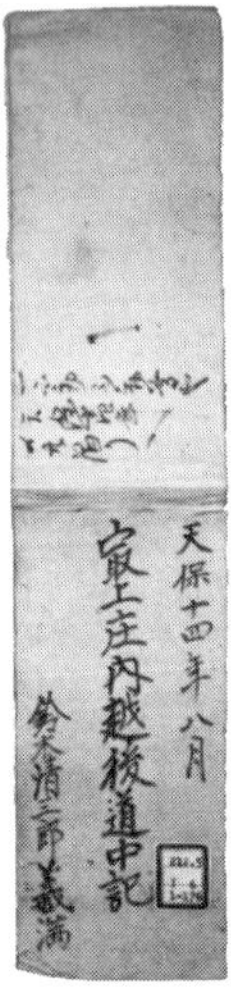

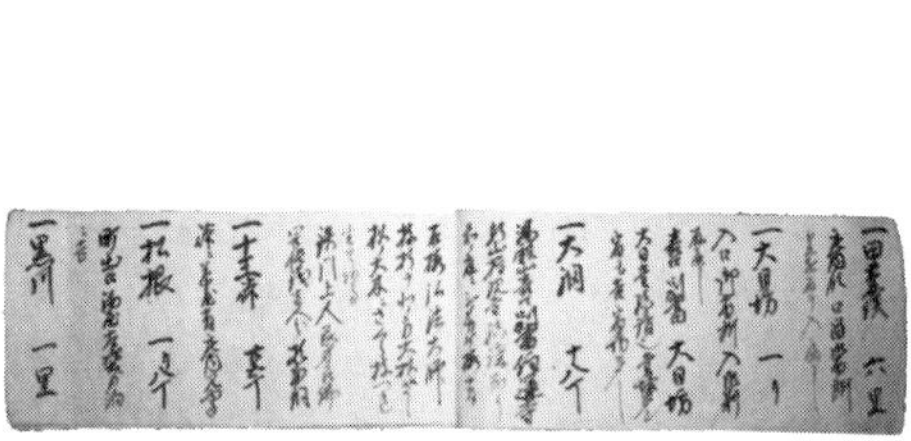

図 2-11　鈴木清三郎義満の道中記

ど残されていないため、実態がわかりにくいところもある。慣れた道を歩き、宿もなじみであったろうことから、とりたてて旅の記録を残す必要はなかったものと思われる。

そのような中で、夫婦同伴の三山参りの興味深い記録を紹介しよう。出羽国泉村（現山形県長井市）鈴木清三郎義満の「最上庄内越後道中記」（図2－11）は、天保一四年（一八四三）八月の旅で、小寺、大井沢、志津、田麦俣、大日坊、大網、注連寺、十王峠、黒川、羽黒山、鶴岡、湯田川、酒田、湯の浜、大山、湯温海《ゆあつみ》、村上、乙、下関、玉川、小国《おぐに》、沼沢を経て帰宅している。

女性を伴う旅であるために女人禁制を避けたのか、男性の三山参りでは通常は志津から湯殿山へと登るところを、六十里越街道を迂回して、田麦俣へ抜けて、大網大日坊と七五三掛注連寺へ参詣している。その中で登拝口に関わる記述を抜き出してみよう。

一、大井沢。一里。湯殿山正別当。大日寺宿坊、福蔵院。山先達、頼雲坊。地蔵権現、五智如来。道智墓。弁財天堂。かたられぬ湯殿にぬらすたもとかな　芭蕉。

一、志津。一り半。入口ニ御宿所有。別当より宿ル、御判上ル。宿、重右衛門泊。是より六十里道ニ行峠、大難所也。峠二ツ越、梵字川《ぼんじがわ》橋も渡、笹小屋と言所、茶屋三軒有、夫より下りニ茶屋二ヶ所ニ有。

一、田麦俣。六里。庄内領口留番所、笠を有テ入べし。

一、大日坊。一り。入口御番所入、御判所へし。表口別当、大日坊。大日堂□請也。堂塔多シ、宿も吉。宿坊多し。

一、大網。十八丁。湯殿山表口別当注連寺、新山権現堂結構なり。前ノ庭ニシメカケ桜有。右桜弘法大師枝折テ、此ノ方大杉江さし、杉ノ大木ニさくら枝つき生てある。鉄門上人即身即仏開帳銭壱人分拾弐銅。

一、麓〔手向のこと〕。一里。入口町之宿坊、見附国郡改、茶を扱宿案内〔檀那場の宿坊へ案内されたことをいう〕。一ノ鳥居より行、おたけ大日、小金堂、境□堂。米沢下長井宿坊薬師院三百文、宿礼百壱文、山初尾〔山役銭《やまやくせん》のことか〕夫より案内付。仁王門より石壇、ムミヨ〔無明〕ノハシ、タヨメノ不動、五重塔、血ノ池、百一社可拝。二ヶ所ニ餅酒吸物望次第、茶屋有。

一、羽黒山。石壇二十丁十四間四面。堂塔多シ。御朱印一万石。

第四章で詳しく述べるが、羽黒山での血の池やお竹大日如来、注連寺での即身仏に関する記述のように、女性同伴の旅ゆえの特筆すべき記録がみられることに注目したい。

また、出羽三山参りを果たしたのちに、近在の温泉地で、いわゆる「精進落とし」がおこなわれた。道中日記にさほど詳しい記述はみられないが、庄内では湯田川温泉(現鶴岡市)、内陸では上山《かみのやま》温泉(現上山市)などが、精進落としの旅人でにぎわったといわれる。

なお、道中日記は、旅の備忘録としての役割にとどまらず、後世の人々によりガイドブックとして持ち歩かれることもあった。そのことが明らかなのは、安永二年(一七七三)の朽津忠兵衛の「月山・湯殿山・羽黒山道中記」と天保九年(一八三八)の朽津伊兵衛の「湯殿山・月山・羽黒山道中記」との関係である。前者では、宿屋と村の名前および里程などの事項が後で利用する人のために、特別の配慮のもとに記されているという。そして、その表紙がなくなったので、朽津伊兵衛が天保九年八月一五日に書き改めている。

すなわち、前者は朽津家に伝わっていて、伊兵衛が自らの旅の折に持参して活用し、そのために表紙が失われたので、帰宅(八月一二日)後まもなく書き改めたものと推測される。道中日記は、旅の途中での走り書き的な乱筆の場合が多いのであるが、中には清書されたとみられるものもある。おそらくは後で利用する人への配慮だと思われる。

ただ、道中日記は、その性格から、詳しい記述に乏しい。とりわけ、他言無用とされた湯殿山については、ほとんどの場合、断片的な記述でしかない。ところが、紀行文には、湯殿山に関する詳細な記述がみられるものがある。
その代表が、高山彦九郎《たかやまひこくろう》(一七四七―一七九三)の紀行文である『北行日記』であり、湯殿山を訪れたのは寛政二年(一七九〇)のことであった。高山は「寛政の三奇人」のひとりに数えられる尊皇思想家として知られるが、彼は次のように記している。

装束場《しょうぞくば》より西へ二十四、五丁下りて、ぼんでん〔梵天。後述〕など多く立置き、へぎやうのもの〔木片のようなもの〕の塔婆やうのものを多く棄て置きたる所有り、此所ぼんでん立て重りたるにて自《おの》づと垣をなす。是れを入れば、赤岩東西五十間斗《ばかり》高さ十五間斗なり、北に向ふて立つ。是れを湯殿山大権現と称して拝す。予、此辺りを見るに一人も居らず、其の傍《かたわら》を登りて見るに、岳番が居りたりといへる小屋一つ有れ共、人は居らず。彼のぼんでん垣を入りで左リ赤岩の本に小穴有り。是れより水神の窟と称す。権現の岩是れを大日ともいふ。権現の本地仏の故とぞ。

この記述は、江戸時代の湯殿山に関する記述の中で、最も詳しいものといってよかろう。
参詣者の三山参りの行程は、とりわけ遠距離の場合、三山のすべてに参詣するのが原則であったが、多くは登り口と下山口を異にした。前述のように、芭蕉の参詣行程は例外的なものである。たとえば羽黒山から月山を経て、湯殿山へ下ると、そのまま大網・七五三掛へ降りていくか、再び装束場と呼ばれる分水界まで登って、本道寺・岩根沢・大井沢方面へ下るのが、自然な行程となっていた。装束場という地名の由来については後述する。

以上のように、参詣の旅は、全旅程のマクロなレベルに加え、霊山登拝のミクロなレベルにおいても、同じルートを往復しないという循環的行程がとられていたのであった。

参詣者数はどのくらいだったか

現代の観光統計においても、観光客数を正確に把握することには困難な面がみられる。ましてや、江戸時代の参詣者数を正確に知ることは難しい。ただ、若干の史料が残されていることから、概数を推測することは不可能ではない。

大蔵村小屋家文書によれば、宝永六年(一七〇九)の六月の一四日間に、最上川清水《しみず》河岸で休憩した道者(参詣者)が一万三〇一五人であり、また『増訂 最上郡史』によれば、この年に古《ふる》口《くち》村を通過した道者は三万六三〇四人を数える。また「谷地《やち》大町《おおまち》念仏講帳」によれば、享保一八年(一七三三)の八口の道者の合計が一五万七〇〇〇人余り。大石田河岸の「道者目録」によ

表3　湯殿山各口参拝人員(1879年)

	羽　黒	田麦俣	本道寺	岩根沢	大井沢	肘　折	計
7月	1126	480	143	168	194	9	2120
8月	5489	3462	5494	3963	1987	263	20658
9月	945	1634	4108	3019	1492	123	11321
合計	7560	5576	9745	7150	3673	395	34099

れば、元禄一〇年(一六九七)の道者が一万七〇〇〇人、寛政五年(一七九三)には五二三八人を数えたなどの記録が存在する。

これらは、いずれも例年より参詣者が多いとされる湯殿山のご縁年である丑年の記録であるが、かなりの誇張が含まれているといえよう。なるべく正確な参詣者数を把握するには、やはり八方七口の登拝口に残された史料を重視すべきである。

そのひとつとして、大井沢の志田五郎右衛門草雨の日記『光陰自他録』に、天保一二年(一八四一)七月二一日道者八千人着、天保一五年八月一日大日寺湯殿山参詣五千人着餅搗あり、弘化三年(一八四六)七月一〇日大日寺五千人着、弘化五年七月一四日今日道者五百人余来る、弘化五年七月二五日大日寺五千人着、嘉永二年(一八四九)八月一日大日寺五千人着、などの記録が散見する。

天保一二年も前述の丑年にあたり、他の年に比べて参詣者の多いことが、この日記からうかがわれる。参詣者数の記載がみられない年もあるが、丑年以外は、大井沢口を利用する年間の参詣者五〇〇〇人というのが、一定の水準であったかと思われる。

なお、かなり正確な記録として、明治一二年(一八七九)の湯殿山各口参拝人員の数値をあげることができる(表3)。大網口・七五三掛口が消え、田麦俣口が設けられるなど、神仏分離の影響を受けてはいるが、大井沢口からの参拝者数は、五〇〇〇人以下ではあるもののほぼ江戸時代と変わらないものとみられ、合計三万四〇〇〇人余りという参拝者総数は、往時の参詣者数を知ることのできる貴重な記録であるといえよう。

参詣者の年齢にみる同心円構造

出羽三山信仰が東日本各地に広がっていることを述べてきたが、このことは信仰儀礼を通じてもうかがうことができる。羽黒山頂で大晦日におこなわれる松例祭《しょうれいさい》(次章参照)の「国分け神事」において、東国三十三カ国は羽黒領、西国二十四カ国は熊野領、九州九カ国は英彦山領とされるのである。日本列島を東西に分ける大断層帯のフォッサマグナが、おおむね信仰の境界線になっているといえよう。

出羽三山を信仰する各地の民俗事例をみると、遠く離れるほど、参詣者の年齢が上昇するという特徴が明らかになる。山形県内陸部には「十五歳の初参り」と呼ばれる習俗がみられ、男子が一五歳になると、出羽三山参詣に半ば強制的に同行させられた。

山形県上山《かみのやま》市出身の歌人である斎藤茂吉《さいとうもきち》（一八八二―一九五三）は、一五歳になった時に出羽三山に参詣しており、それは明治二九年（一八九六）のことであった。その記録は彼の随筆集『念珠集』に収録されているが、それによると、参詣前に毎朝水浴びして精進したり、虫などを殺さないようにしたり、一厘銭を塩で磨き清めて賽銭を用意したりと、江戸時代とさほど変わりのない参詣習俗が存在していた。

三山参りの行程は、上山を夜明け前に出発して本道寺で泊まり、翌朝早く志津に着いて、そこで先達を頼み、悪天候の中を湯殿山へ詣り、志津へ戻って、泊まったという。彼の長男である精神科医の斎藤茂太《しげた》（一九一六―二〇〇六）と次男である作家の北杜夫《きたもりお》（一九二七―二〇一一）もまた、一五歳になった時点で茂吉に連れられて三山参りに同行している。

『斎藤茂吉全集』第二七巻に収録されている手帳の記録によれば、長男の茂太は昭和五年（一九三〇）に岩根沢から月山、湯殿山へ詣り、田麦俣へ下って、羽黒山の手向へと向かった。斎藤茂太と北杜夫の対談集『この父にして 素顔の斎藤茂吉』の中でも、三山参りの回想が語られている。同書には斎藤茂太の言葉として、「近ごろは女人禁制じゃないから娘も連れていきました」という記述もある。女人禁制が明治中期に解禁されていたとはいえ、第二次大戦前には湯殿山への女性の参詣は実質的に遠慮されていたことが知られる。

　また、仏教民俗学者の五来重《ごらいしげる》は、昭和四三年（一九六八）の湯殿山参詣時に、その一〇年前は神域へ女性が入れなかったと記しており、神域の外で待つことになっていたという。羽黒山の松例祭でも、女性の参加が認められたのは戦後のことであり、局地的な女人禁制は明治以降も長らく維持されてきたといえよう。

　この「十五歳の初参り」と呼ばれる参詣は、通過儀礼、なかでも成人儀礼であったと理解されよう。男子の一五歳はかつての元服の年齢であり、一人前の男性としての体力が備わっているかどうかを、霊山参詣で試されたのであった。現代でも、中学校の集団登山の形式で、この慣習は形を変えて継承されている。

　それに対し、庄内地方ではこのような参詣習俗はみられず、羽黒山の三大祭り――花祭り・八朔祭《はっさくさい》・松例祭――の際に、若者が群れを成して出かける習俗が存在した。羽黒山は前近代から女性の参詣が許されていたことから、若い女性の参詣も多く、男女の出会いの場にもなったという。

　山形県内の三山参りのもうひとつの特徴は、地域ごとに霊山参詣がペアのかたちをとっていたことである。庄内地方では、「お山参り」と呼ばれ、月山（上《かみ》のお山）と鳥海山（下《しも》のお山）の双方へ同時に参詣者を送り出した。内陸部の東村山郡では、三山参りを「お西参り」、蔵王山参りを「お東参り」と呼んだ。置賜地方の米沢近辺では、飯豊山《いいでさん》を「西のお山」と呼んで、成人儀礼の対象とし、出羽三山は「東のお山」と呼んで、一丁前になった成人男性が参詣する山として上位に置かれた。

日本海側の秋田県や新潟県からは、女性の羽黒山参りも多くみられたし、大日坊や注連寺は湯殿山に参詣できない女性のための女人堂の役割も兼ね備えていた。また、日本海側の北東北からの伊勢参りは、農閑期におこなわれることが多かったが、途中で羽黒山に立ち寄って参詣する道中日記の記録がしばしばみられる。このように、前近代から女性の参詣が許され、しかも通年の参詣が可能であった羽黒山には、特徴的な参詣習俗が存在していた。

いっぽう、福島県中通り地方では第二次大戦前、徴兵の対象年齢になると出羽三山参りに出かけるという風習もあった。徴兵年齢は近世の元服よりも少し上になるのだが、この事例も同じく、成人儀礼として解釈されよう。軍隊で活動できる体力が備わっているかを試す旅であり、同時に武運長久をも祈願したのであろうか。

さらに同地方では、「一　御湯殿参詣仕候事、宝永三年（一七〇六）六月年弐拾五歳ニて初而参詣仕候」という史料記述がみられ、二五歳になると湯殿山に初参りをおこなうという習俗が存在したことが知られる。このように、出羽三山から距離が離れるにつれて、参詣年齢が上昇する傾向が確認できるのである。

岩手県では、出羽三山参詣を「最上参り」と呼んで、出羽三山と鳥海山の双方に登拝した。石碑も三山碑と鳥海山碑が並んで建てられる例が多い。これは他地域にはみられない特徴となっている。また岩手県では、羽黒修験と、同じく羽黒山から巫女(神子)の免許状を受けた女性がペアで宗教活動をおこなう事例が多くみられた。新潟県の中越・下越地方では、出羽三山参詣は「オシモマイリ」と呼ばれ、上方参り(伊勢参り)と並んで、一生に一度は参るものとされた。

青森県三戸《さんのへ》郡三戸町の泉山では、産土神《うぶすな》である月山神社の奥の院が名久井岳《なくいだけ》にあり、男子七歳の初参り儀礼が存在する。福島市の信夫三山《しのぶさんざん》には出羽三山が勧請され、出羽三山まで参詣できない場合には、信夫三山に参詣するという。これらは共に分霊への参詣という信仰形態であり、富士山信仰において、江戸の城下町のあちこちに造られた富士塚にお参りするのと同様であるといえよう。

図 2-12　千葉県に息づく出羽三山信仰

(上)市原市青柳台地区の供養塚．出羽三山参りを果たした行人が持ち帰る梵天を埋納する．台座には「湯殿山」と刻まれている．寛永7年(1630)建立で，県内の出羽三山関係石碑類のうち最古のもの．

(下左)木更津市中島地区の梵天．毎年1月7日におこなわれる「梵天立て」の祭事で，地区の若者が海の中に入って立て，その間，行人は陸上で祈禱をおこなう．

(下右)市原市上高根地区の梵天．行人が出羽三山参りに行っているあいだ，行屋の前に立てる．

千葉県に残る行人墓と供養塚

それらの習俗に対して、遠く離れた関東地方では、家督を譲られる年代層の参詣が顕著であった。とりわけ、千葉県においては、出羽三山参りを果たした参詣者は「行人《ぎょうにん》」と呼ばれ、村の中で一目を置かれる長老として扱われてきた。

さらに、三山に参詣した行人のみが埋葬される行人墓というものも存在する。このように、三山に参詣した行人は、いわば神仏に近い存在として敬われた。講の行事として、湯殿山の縁日とされる八日にちなんで、八日講と呼ばれる儀礼がおこなわれてきたことはさきにも述べたが、千葉県では、今も行人たちが集まる八日講が盛んにおこなわれている。

また、参詣の記念碑が平成に入っても建立されているのは、千葉県以外にはほとんどない。千葉県では、今なお信者の人々と出羽三山とのつながりが生きているのである。この千葉県において、出羽三山信仰が今も盛んな理由については、戦後まもない頃から調査研究が続けられてきた。房総半島の中心部が日蓮宗の強固な信仰地帯で、日蓮宗に対抗するために、それを取り巻く地域で出羽三山信仰が盛んになったとする説もある。

村々の講ごとに、梵天《ぼんでん》と呼ばれる、神の依り代《よしろ》となるカラフルな飾りを祭事の折に立てるが、そのデザインは、ことごとく異なっている。村々の間の競争意識ないし対抗関係も存在しているのではなかろうか。梵天については、千葉県立中央博物館のデジタルミュージアム「梵天にみる房総の出羽三山信仰」に詳細な調査記録があり、参考になる。

ただし、江戸時代の羽黒修験や檀那場の分布を見る限りでは、千葉県はさほど突出しているわけではなく、明治の神仏分離以降、手向の山伏が重点的に布教活動をおこなった成果である可能性が高い。今なお、冬場の農閑期に千葉県内の檀那場廻りを続けている手向の山伏が多くみられる。

第三章

羽黒修験四季の峰

秋の峰入り

峰入りとは

修験道における入門儀礼であり、また上位の資格を得るための儀礼が、「峰入り」と呼ばれる修行である。元来、峰入りとは、霊山の尾根道をたどって、ひたすら歩き続けること(山林《さんりん》斗擻《とそう》)を指すのであろう。第一章で紹介した室町時代の『七十一番職人歌合』にも、すでに「峰入」という言葉がみえた。

修験道の二大流派である本山派と当山派においては、紀伊山地の中央部に位置する大峰山で峰入りをおこなってきた。北端は吉野山、南端は熊野三山であり、本山派は熊野から北上して吉野まで、当山派は吉野から南下して熊野まで、斗擻する。それゆえ、本山派は熊野山伏、当山派は吉野山伏とも呼ばれた。

また、さきに述べたように、羽黒山と英彦山は、江戸時代前期に地方修験の本山としての地位を回復したことから、峰入りをおこなって、修験の免許状を発行する権利も確保したのであった。

しかし、明治の神仏分離によって修験宗が廃止されたことにともない、各派の峰入りは、いったん中断を余儀なくされたところが多い。そんななかでも、羽黒山において、神道側と仏教側に分かれてではあるが、今日まで峰入りが中断することなく継承されたことは特筆に価する(ただし、神道側の秋の峰が行われ始めたのは明治七年(一八七四)からで、また仏教側の秋の峰は明治九年から一八年までは中断したという)。

春の峰

修験道が山中での修行を重んじる宗教であることはすでに述べたが、羽黒修験においては、春夏秋冬四季それぞれの峰入りがその修行のメインとなる行事であった。手向《とうげ》の仏教寺院、正善院《しょうぜんいん》の長男として生まれた戸川安章によれば、そのうち、春の峰は明治の神仏分離後にいったん廃絶したが、仏教側の荒沢寺《こうたくじ》において明治後期に復活し、黄金堂で修正会《しゅしょうえ》と合わせ行じられているという(『出羽三山と修験道』)。

戸川によれば、江戸時代の修正会は、元旦の早朝からおこなわれ、夜には歳夜《としや》(大晦日)と同じく験競《げんくら》べがおこなわれたという。歳夜の験競役は一二人であり、これは十二支を意味し、修正会の験競役は一〇人で、十干を意味するという。前者は妻帯修験の精進、後者は清僧修験の精進をみるためにおこなわれたものであろうか。

春の峰は「地天泰《ちてんたい》、陰陽和合《いんようわごう》、胎金一致《たいこんいっち》の峰」とも称した。座主会《ざすえ》または座上会《ざじょうえ》ともいい、一山の上座五人(執行・別当・三先達)と特別職の二人だけでおこなうもので、後述する冬の峰の延長線上にある行法であった。

ただし、エアハートは、冬の峰の陽気な祭りに比べて、春の峰は一般参詣者はもちろん、大半の修験者も排除された、特定の修験者による高度で複雑な籠もり行であると記している。

冬の峰の修行中に「松聖《まつひじり》」と呼ばれる修験者の代表二人が験競べをするが、それに勝利したほうが育てた稲霊《いなだま》を、開山田と呼ばれる開祖の供養田から収穫した稲籾に移す。それを牛玉札に数粒ずつ入れて霞場の旦那衆に配り、水田に撒く籾全体にその稲霊を移して、丈夫な苗になることを祈るのである。豊作を願う予祝《よしゅく》行事であると解釈される。宿々勤行《しゅくしゅくごんぎょう》といって、正月五日から五日間、法会がおこなわれ、法会の終了後には祝宴がはじめられる。その饗膳は冬の峰の大笈酒《おおおいざけ》に準じたものであり、たいへんなご馳走であるという。大笈酒については、食文化を取り上げる第六章で詳しく述べたい。

かつての夏の峰は、「金剛界《こんごうかい》の峰」と呼ばれ、旧暦四月三日から八月八日までの行であった。四月三日に荒沢の地蔵堂で月山御戸《みと》開きの法会がおこなわれる。ついで、八日の朝には、ご本社の内陣に並べられた九六の花器に水を注ぎ、それぞれに椿の葉二片を、七月一四日の後夜《ごや》まで供え続ける。七月一三日の初夜には月山山頂近くの柴燈森《さいとうもり》に柴を積んで燃やし、柴燈護摩《さいとうごま》を修した。八月八日に地蔵堂で月山御戸閉めの法会を執行して、夏の峰の満行とした。月山と湯殿山は、この期間以外は参詣することが許されなかった。

今日では、夏の峰は東日本各地からやって来る信者たちの三山登拝を指している。羽黒山の三大祭りのひとつである七月一五日の花祭りまでに、信者の居住する霞場・檀那場廻りに出かけていた各宿坊の山伏は帰還し、参詣者の受け入れ準備に入る。花祭りが終わって、月山登山道の雪が消える時期になると、三山参りの季節となる。月山開山祭は七月一日におこなわれている。

花祭りは、「花梵天《はなぼんてん》」という、稲の花をかたどったとされる飾り物が羽黒山頂の鏡池の周囲を三周する際に、参詣の群衆が豊作や無病息災を祈って、その飾り物を奪い合う行事である。午前中に山頂のご本社で例大祭の神事が進められた後に、午後一時すぎから、神輿渡御が始まる。神輿の後を、きらびやかな花梵天が三基追随する。参詣者にとっては、この花梵天こそが目当てであり、飾られた造花を手に入れようと殺到するのである。かつては激しい争奪戦が繰り広げられたが、死者が出たことによって、終了後に参詣者へ花を配るようになった。花祭りの当日には、黒川能《くろかわのう》や高寺八講《たかでらはっこう》などのさまざまな奉納行事が実施される。

黒川能とは、応仁の乱から逃れた京の貴族によって伝えられたという、全国的に有名な農民

図 3-1　花祭りの花梵天(上)，蜂子神社での黒川能奉納(中)，高寺八講の花笠舞(下)

による伝統芸能であり、重要無形民俗文化財に指定されている。旧櫛引《くしびき》町(現鶴岡市)大字黒川にある春日神社の氏子によって維持されており、演目数は能が五百番を超え、狂言も五十番と大規模である。春日神社では年に四回の神事で能・狂言が奉納されるが、なかでも旧正月にあたる二月一日の王祇《おうぎ》祭《さい》では、夜を徹して能五番と狂言四番が演じられる。また、高寺八講とは、旧羽黒町(現鶴岡市)高寺地区の雷電神社に伝わり、五穀豊穣を祈願する舞で、中世以来の芸能である延年《えんねん》の姿を伝えるものとされる。

図 3-2　月山柴燈祭

さて、この花祭りは夏の峰における最大の祭礼である。『三山雅集』には、「毎歳六月十五日、神前に於て別当代一山衆従、天下国家の祈願ありて御神楽を奏す。湯殿月山羽黒三所の神輿を本社に移し奉り、神事勤行畢《おわ》りて宝前を舁出《かつぎだ》し、御手洗および末祠の前を巡る」とあり、かつては相当な規模でおこなわれていたことがしのばれる。

夏の峰の期間中の八月一三日の夜には、今も月山山頂付近で、柴燈祭がおこなわれる。この火は、お盆の送り火であり、月山に眠る祖霊を庄内の家々の盆棚まで送り届けるものである。かっては月山の各合目ごとにあった山小屋で、山頂の火を確認すると、リレー式に麓の山小屋まで火を焚いて、平野の村々に知らせたという。

山岳信仰の霊山においては、夏の数カ月が登拝の時期であり、お山開きからお山じまいまでの開山期しか山中に入ることは許されなかった。とりわけ、東北地方の積雪の多い霊山は、雪が消えてからと雪が降り始めるまでの間のみが開山期であった。これは、女人禁制と同じく安全第一の思想の反映だったのではなかろうか。今日でも、夏山開きといった行事がおこなわれるのは、この名残りである。

秋の峰

秋の峰は八月下旬の一週間にわたっておこなわれる修行である。修験者としての資格を得るための入門儀礼であり、地位を上昇させるための儀礼でもある。本山派と当山派の修験者はさきに述べたように大峰山で峰入りをおこなった。

それに対して、東北では羽黒山での秋の峰入りに加われば、羽黒修験の地位を得ることができ、九州でも英彦山での峰入りに加われば、英彦山修験の地位を得ることができた。遠く離れた東北や九州から、大峰山でおこなわれる峰入りに参加することは日程的にも経費的にも困難であったことから、羽黒山と英彦山は、独立した修験の本山としての地位を回復したのであろう。

秋の峰の修行は秘儀であるために、不明な点が多い。ここでは、戸川安章(宮家準編纂代表『修験道修行大系』)およびエアハートの著作を要約して、主に仏教側でおこなってきた儀礼について紹介しよう。

図 3-3　羽黒修験の出で立ち(いでは文化記念館展示). 先頭は大先達. 清浄衣《せいじょうえ》(浄衣《じょうこん》とも)と呼ばれる鈴懸《すずかけ》(上衣)を着て手に梵天を持つ. 後方3人は摺衣《すりごろも》という羽黒山独特の石畳模様(大磐石模様とも)の鈴懸を着て, 手に斧や金剛杖を持つ修験者たち

秋の峰の本質は、生まれ変わり(擬死再生)の修行だということである。修行は一ノ宿《しゅく》・二ノ宿・三ノ宿の三段階に分かれており、山中で地獄・餓鬼・畜生・修羅・人間・天・声聞《しょうもん》・縁覚《えんがく》・菩薩・仏の「十界《じっかい》修行」を重ねてゆくことで、過去・現在・未来の三世を経験し、仏と一体になる。出羽三山のうち、月山(阿弥陀如来)は過去を、羽黒山(聖観音)は現在を、湯殿山(大日如

来)は未来を象徴するという。この三山を斗擻する修行を「三関三渡《さんかんさんど》の行《ぎょう》」と称した。

まず峰入りの前日、修行者たちが他界へ入るための準備として、「笈《おい》からがき」と呼ばれる葬式の儀礼が正善院でおこなわれる。翌日の午後、黄金堂に集まった修行者の前で大先達が梵天納めの儀礼をおこない、階段の上に梵天を投げる。ここで生まれ変わる準備として母の胎内に入るとされる。

峰入りの行列は羽黒山麓の随神門《ずいしんもん》(旧仁王門)を抜けて聖域に入ると、峰入り中にだけ使われる、独特の別行《べつぎょう》言葉を用いる。これは山中をさまよう餓鬼や悪霊に邪魔されないためであるという。たとえば、水は「閼伽《あか》」、米は「菩薩」または「舎利」、汁は「陀羅尼《だらに》」などと呼ばれ、これらはサンスクリットの仏教用語に由来する。

かつては一七カ所あったという拝所を拝みながら、山頂のご本社を経て、一ノ宿となる荒沢寺に入る。荒沢寺に着くと、まず地蔵堂に礼拝する。寺に入る前に、導師から修行の厳格さについての訓戒を受け、正式に一ノ宿に入ることを許可される。この日から断食が始まるので、夕食は出ない。断食は十界修行の餓鬼道に相当する。夜になると、初夜勤行《しょやごんぎょう》がおこなわれ、各種の経典と真言が、さまざまの権現の名前と共に唱えられる。

勤行中は、つねに唐辛子などを火にくべていぶし続けるが、これは羽黒修験独特で「南蛮いぶし」という。人体に刺激を与えて眠気を払うためであるといい、開祖の能除太子が厳しい修行中に、害虫を追い払う手段として採用したとする伝承もある。これは十界修行の地獄道に相当し、また口をすすぐことを禁じるのは畜生道に相当する。一休みすると、後夜勤行《ごやごんぎょう》が始まる。

翌昼に簡単な食事が出た後、中台《ちゅうだい》への斗擻がおこなわれる。中台とは、『三山雅集』によれば、羽黒山頂の往来より左の谷道(破尺道《はしゃくみち》)を下ると、山中の亡者を葬送する墓所があり、その下に位置する拝所で、滝がある。その夜にまた初夜勤行、翌早朝に後夜勤行がおこなわれて、一ノ宿が終わる。

二ノ宿の吹越《ふきごし》の峰宿に移ると(現在は荒沢寺でおこなわれる)、まず壇開きと呼ばれる儀礼が始められる。これは参加者が十界修行のうちの人間界へ入り、はじめて食事をとることを意味する。この朝食の後に、大般若経の転読の儀礼と施餓鬼会《せがきえ》が、多くの信者たちを集めておこなわれる。

信者が帰った後で、「違《ちが》い垣《かき》」と呼ばれる儀礼がおこなわれる。これは三つの藁の束をずらして置いたもので、誕生の胎内を表すとされる。一ノ宿と二ノ宿の境界を示すもので、松明の火に導かれて三つの「違い垣」を越えることで二ノ宿へ進むこととなる。勤行の際に南蛮いぶしはおこなわれず、護摩壇で柴燈護摩を修し、「延年の舞」がおこなわれた。この舞は縁覚道

図3-4　険しい道を踏み分け，三鈷沢に向かう秋の峰の修行者たち

にあたる。大正五年（一九一六）には、すでに延年の舞はおこなわれず、「高砂《たかさご》」と「四海波《しかいなみ》」が謡われた。翌日の夕方、修行者たちが競う「天狗相撲」がおこなわれる。これは修羅道に相当する。

翌朝、月山二合目にある大満虚《だいまんこ》空蔵堂《くぞうどう》の三ノ宿に入ると（現在は荒沢寺でおこなわれる）、菩薩界での修行が始まり、秋の峰もいよいよクライマックスである。月山の北東側の谷を流れる立谷沢川の上流にある三鈷《さんご》沢《ざわ》を拝して、大願成就となる。三鈷沢は、『三山雅集』には、月山三合目の小月山より左の渓間なり、とあり、胎内修行の秘所と記されている。かつては洞窟になっていて、その内部には人骨や奉納された日本刀も見られたというが、いまは崩壊して、内部をうかがうことはできない。ここで、最終的に生まれ変わるという意味づけであろうか。

三鈷沢から二ノ宿に戻り、翌日は開祖の能除太子が入山時に六年間籠もったという阿久谷《あこや》を拝する。阿久谷は、ご本社の脇にある霊祭殿《れいさいでん》から谷を下った沢沿いにあり、滝が流れている。この地で、能除太子の前に羽黒権現がはじめて出現したという。いったん二ノ宿へ戻って勤行を終えると、ご本社を拝し、山頂から石段を一気に駆けて麓まで下り、黄金堂の前で柴燈の火を飛び越えて出峰《でなり》作法を終えるという。

なお、戸川安章の紹介によって、仏教側の秋の峰には、多くの研究者が峰入りしてきた。代表的なものとして、ここまでにも何度か名を挙げてきた、比較宗教学者でウエスタン・ミシガン大学名誉教授のエアハートの著作を挙げることができる。

いっぽう、神道側の秋の峰は、八田幸雄《はったゆきお》によって記録されている。彼によれば、初日の八月二六日は、午後に出発し、随神門を抜けて山頂の蜂子神社とご本社へ参り、吹越の入口でお清めの切火《きりび》の行事がおこなわれる。その後、峰中籠堂《ぶちゅうこもりどう》に入り、食事の後、行法に入る。修行中の注意が言い渡され、「三語」「三山拝詞」「三山祝辞」を唱える。その後に「なんばんいぶし」が毎晩、おこなわれる。

翌日は、再びご本社と蜂子神社、周囲の摂社を拝し、東方に二キロほど下ったところにある中台の御瀧《みたき》神社を参拝する。次の日は月山八合目までバスで行き、山頂の月山神社本宮に参る。

図3-5　東補陀落

この行程の途中で、秘所の東補陀落（図3－5）に足を運ぶ場合もみられる。二九日から二の宿となり、朝食後は断食行となるが、午後に手向の婦人会からおはぎなどの差し入れがある。深夜には、峰中籠堂のすぐ横の吹越神社前で、柴燈護摩の行事がおこなわれる。三〇日から三の宿となり、立谷沢川沿いの瀬場まで歩き、バスに途中まで乗って、三鈷沢の修行に向かう。

三一日は瀬場《せば》皇大神《こうたいしん》に参籠した代表者が峰中籠堂に帰り、花木を奉納する「花木《はなき》納め」という、修行が満願したことを祝う儀式をおこなう。さらに喜びの儀である鳴子の祝儀として、延年の舞をおこなう。夕食後には、天狗相撲がおこなわれる。

この日の最後を飾る儀礼が、羽黒山頂でおこなわれる八朔祭《はっさくさい》である（図3－6）。旧暦では八月一日におこなわれていたために、この名前が付けられたのであるが、明治の新暦になってからは八月末日におこなわれるようになった。元来は新月の夜に漆黒の闇の中でおこなわれる火祭りであったが、新暦に切り替わると、本来の語義から離れてしまったといえよう。なお、各地の霊山でも、火祭りがおこなわれており、たとえば、七月一四日の熊野三山の那智の火祭りや、八月二六日、二七日の富士吉田の火祭りなどが有名である。これらは、修験道の護摩焚きを起源とするものであろうか。

八朔祭のクライマックスは、初めて峰入りして、新たに山伏となる資格を得た者たちが、護摩焚きの火を飛び越えて、大先達から最終的に山伏の名前（坊号）を授けられる儀礼である。この儀礼は、秋の峰が山伏の資格を得るための入門儀礼であることを象徴している。

図 3-6　八朔祭

深夜に峰中籠堂へ帰り、朝食後に阿久谷へ駈ける。それから神社の斎館で休憩して、はじめて風呂に入り、修行の垢を流す。大先達の講話を聞いて、峰中籠堂に戻り、昼食後に下山して、解散するという。仏教側の秋の峰よりも、神道側の秋の峰のほうが、山林斗擻に力点が置かれているといえようか。

冬の峰

秋の峰が終わると、すぐに冬の峰がはじまる。手向の山伏から選ばれた二人の松聖が「位上《いじょう》」と「先途《せんど》」という身分を名乗って、それぞれ験競べの修行に入る。一〇〇日間に及ぶ修行の前半は自

図 3-7　松の勧進

坊で、後半は出羽三山神社の籠堂《こもりどう》に入っての籠もり行が続けられる。修行中は、自宅においても別火精進をおこない、家族とは食事を用意する際に火を別にして、自分の食事はすべて自分で用意する。修行中には、さきに述べた別行言葉が使われる。

手向の門前町は八つの集落から構成されており、町の上半分を代表するのが位上であり、下半分を代表するのが先途である。戸川安章によれば、明治維新後、明治一二年(一八七九)までは仏教側で冬の峰を継承していたが、経済的理由から物集高見宮司の時に神社側で継承することになり、現在に至るという(『修験道と民俗宗教』)。

松聖の修行期間中に山伏たちは、庄内平野を手分けして廻り、「松の勧進」と呼ばれる寄付集めに奔走する。かつては秋に収穫したばかりの米を奉納することが多かったが、今は現金がほとんどになりつつある。そのお礼に三山のお札を配って歩く。

そして、冬の峰のクライマックスが大晦日の深夜に羽黒山頂でおこなわれる松例祭である。

この祭りもまた、八朔祭と同様に、かつては新月の夜におこなわれた火祭りであった。位上方と先途方の双方の大松明のうち、早く燃え尽きたほうが勝利を収め、一方が勝つと豊作、もう一方が勝つと豊漁が約束されるという。この祭りは、二〇一四年に重要無形民俗文化財に指定された。戸川安章によれば、元来は精霊祭であり、歳夜祭りとも呼ばれたが、神仏分離後に仏教臭を忌んで、松例祭に変えたという。

図 3-8　松例祭

この大松明はツツガムシ（恙虫）とも呼ばれるが、その呼称はツツガムシ病の原因が明らかになった明治時代後期頃からのことで、かつては悪鬼を指す「ソランキ」と呼ばれたという。大松明は萱《かや》を一〇〇〇束以上も用いるという巨大なものである。

なお、大松明を燃やす儀礼は、修験道における柱松《はしらまつ》と同様の意味を有すると思われる。この柱松神事は、長野県飯山《いいやま》市の小《こ》菅《すげ》神社や、長野市の戸隠神社で、継承・復元されておこなわれており、松例祭と同じく、その燃え方で豊作などを占うものである。

大松明の綱を引くのは、手向の若者であり、各町内二名、計八名の若者頭によって「綱さばき」と呼ばれる行事が繰り広げられる。いずれの町内も、いちばん良い綱を受けるために必死で争う。大松明の験競べに勝利した若者頭は家の軒先に引き綱を飾ることができ、この綱は魔よけなどのご利益があるといわれ、たいへんな栄誉となるのである(図3-9)。

図 3-9　引き綱(いでは文化記念館展示)

大松明の験競べがおこなわれている最中に、ご本社の中では「烏飛び」の神事が始まり、兎の面をつけた者が登場する。烏は羽黒山の神の使いで太陽を象徴し、兎は月山の神の使いで月を象徴するという。位上方、先途方それぞれ六人ずつ一二人の山伏が験力を競いあう。それに兎が感応し、五番目になると、松聖直属の小聖《こひじり》が役者をつとめ、両松聖の名が呼びあげられる。それと同時に法螺貝を合図として大松明引きが開始され、若者たちが四本の引き綱を引いて、所定の雪穴の場所に大松明を立てて燃やすのである。

大松明が燃え尽き、新年を迎えると、国分け神事がおこなわれる。さきにも述べたように、全国六十六カ国のうち、東三十三カ国が羽黒、西二十四カ国が熊野、九州九カ国が英彦山の管轄といわれた故事により、領土の確認がおこなわれる。

昭和二五年(一九五〇)まで、この祭りの間だけは羽黒山も女人禁制であり、また、昭和三五年(一九六〇)までは、一月三一日におこなわれていた。ところが、高度経済成長にともない、若者が大都会に出てゆき、この時期に祭りをおこなうことが困難になり、若者が故郷に帰省する年末におこなわれるようになったという。第二次大戦後の新たな動向の中で、祭りそのもののあり方もまた、大きく変化してゆくのである。

第四章

出羽三山を歩く

——絵図を手がかりに

羽黒山五重塔

羽黒山を歩く

羽黒山へはＪＲ鶴岡駅から山頂まで路線バスがあり、また自動車で行くこともできるが、おすすめしたいのは「荒沢寺・ビジターセンター前」でバスを降りて歩くコースである。荒沢寺は前述のように、近世の荒沢三院があった場所で、羽黒山の奥の院とされ、この場所のみ女人禁制の聖地であった。

それが、明治の神仏分離にともない、仏教側の聖地となって寺院が存続している。もっとも、さきに述べた出羽三山神社初代宮司の西川須賀雄が明治九年(一八七六)に離任したとき、火災で本堂が全焼したという。荒沢寺の境内に女人禁制碑があるが、元来この石碑は月山登山道の二合目に置かれていたものであり、神仏分離後に境内へ移された(図4‐2・3)。

また、荒沢寺の少し先には、休暇村羽黒があり、出羽三山参詣の宿泊に利用できる。そして、すぐそばには環境省の月山ビジターセンターが設置されていて、出羽三山の自然環境に関する展示から学ぶことができる。

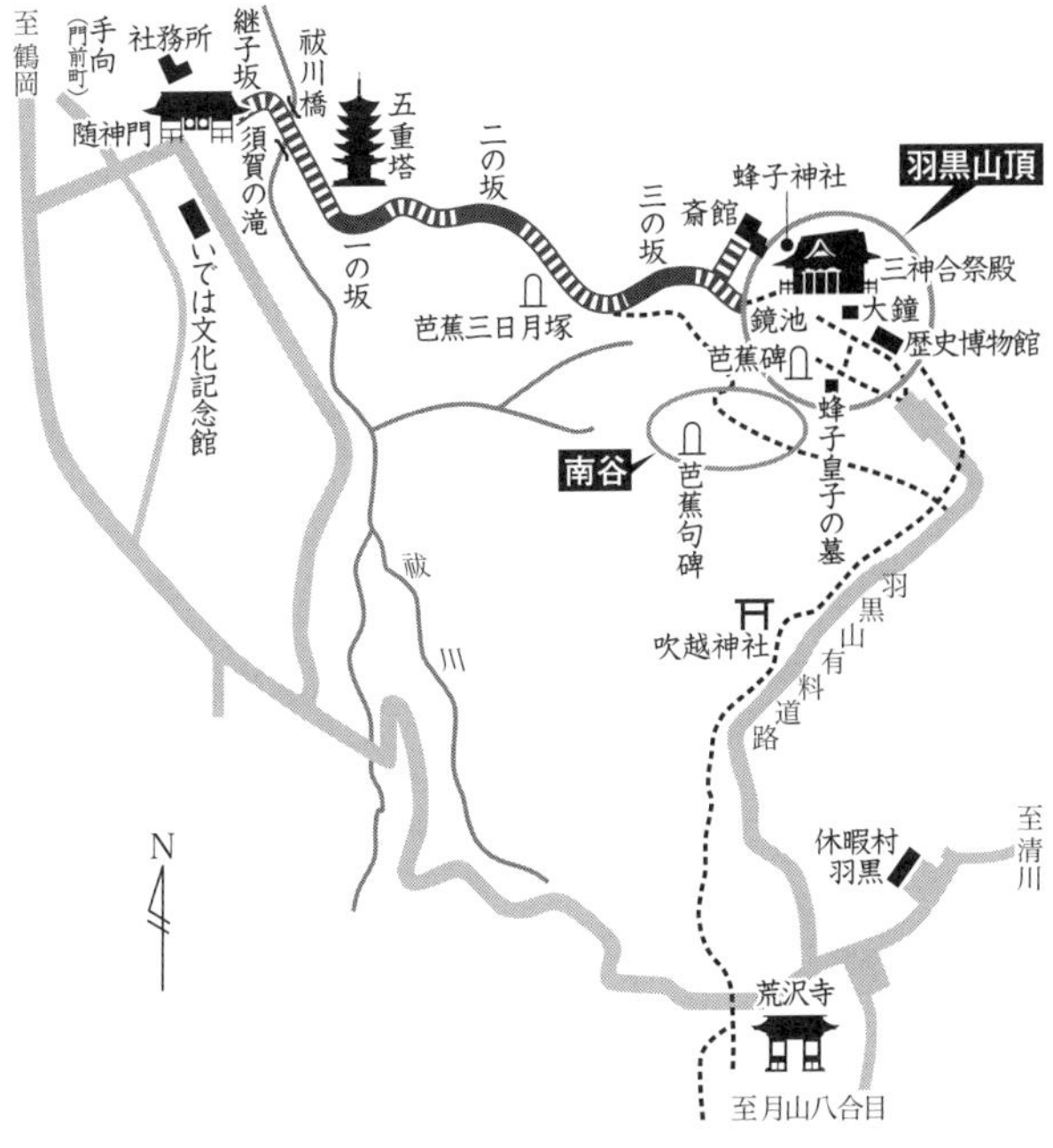

図 4-1　羽黒山内図

なお、休暇村に付帯する施設として、羽黒山スキー場がある。鶴岡市の市街地から近いこともあって、ファミリー向けのゲレンデとして親しまれているが、羽黒山頂の直下までゲレンデが開発されたために、聖域を削ることに反対する意見もあったという。

　さて、荒沢寺の山門から道路の反対側に渡ると、羽黒山頂へ至る石畳の参詣道が延びている。杉並木を縫って山頂まで歩ける道は通る人も少なく、自然を満喫しながら登ることのできる穴

図 4-3　荒沢寺女人禁制碑

図 4-2　荒沢寺山門

図 4-4　吹越峰中籠堂前の入峰碑伝．手前左は柴燈護摩壇

場として、おすすめしたい。すぐ脇に有料自動車道路が通っており、ときおり車の騒音も聞こえるが、さほど妨げにはならない。この参詣道は、近くに庄内映画村があることから、しばしば映画のロケにも使われており、藤沢周平原作の『隠し剣 鬼の爪』や『蝉しぐれ』の撮影がおこなわれた。

山道をしばらく登ると、ちょうど山頂との中間あたりに吹越《ふきごし》があり、出羽三山神社の峰中籠堂《ぶちゅうこもりどう》が存在する。この籠堂は、江戸時代から秋の峰の拠点であり、前章でも紹介した神道側の秋の峰は今なお、ここを拠点におこなわれている。以前はもう少し小さな建物だったが、近年の入峰希望者の増加にともない、大きな建物に改築された。建物の前には護摩焚きのできる石の祭壇がある。峰中籠堂の向かいには開祖の蜂子皇子《はちこのおうじ》を祀る吹越神社があり、また籠堂のそばには入峰を記念した碑伝《ひで》も数基ある。古くは文禄《ぶんろく》五年(一五九六)にまで遡るこれらの石碑は、羽黒修験の歴史を語る証しといえよう(図4-4)。

山頂の三神合祭殿へ

ここから一五分も登ると、山頂の駐車場に出る。駐車場からご本社へ向かう途中に出羽三山歴史博物館があり、鏡池《かがみいけ》から出土した古鏡をはじめとする多くの文化財が展示されており、一見に値する。

その少し先には、蜂子皇子の墓があり、明治以降は皇族ということで、ご陵墓として宮内庁によって維持管理されてきた。また、そのそばには、羽黒山中興の祖である天宥《てんゆう》別当を祀る天宥社もあり、天宥別当が羽黒山を天台宗に統一した関わりから、東照宮も勧請されている。この東照宮は、彼が正保二年(一六四五)に日光から分霊したとされ、現存する建築は元禄三年(一六九〇)に第四代庄内藩主酒井《さかい》忠真《ただざね》が寄進したもので、山頂に残る古建築として貴重である。

ご本社の前にある池が、前述の鏡が出土した鏡池である(口絵参照)。鏡池は通称であり、

図4-5　鏡池出土古鏡

御手洗《みたらし》の池が正式名称とされる。池にかかる橋の改修工事の際に出土した大量の鏡は、平安時代から鎌倉時代に造られたものだという(図4-5)。この羽黒鏡は、出羽三山神社に一九〇面、兵庫県西宮市の黒川古文化研究所に一四五面、東京国立博物館に五八面、大阪府和泉市の久保惣《くぼそう》記念美術館に二〇面、奈良市の大和文華館に五面など、分蔵されている。

ただし、池中納鏡がいつ頃おこなわれたのかは定かでない。堂舎内にしばらく奉納されていた鏡が、鎌倉時代中期以降に一括して納められたのかもしれない。しかも、平安時代末期頃とされる鏡は京都の付近で製作され、貴族のケガレを憑依《ひょうい》させて、ケガレを祓うために日本海海運によって伝えられたとの推論もある。江戸時代には池の北側に鏡堂という小さな堂があり、ここから参詣者が池に鏡を投げ入れたとする説もある。

時枝務《ときえだつとむ》は、これらの羽黒鏡と同種の鏡が羽黒山以外で大量に出土した例がないことから、商品として一般に流通していたものではないとし、しかも形式的な変化に乏しく、大きさや意匠も共通することから、同一工房で中世初期の限られた時期に大量に製作された可能性が高いと指摘する。

『三山雅集』には、前述のような鏡堂の記載はないものの、「この池中に古鏡おほく侍《はべ》り……去ル年境論〔両造法論を指すと思われる〕の事侍りしとき、この池上を汚《けが》すこと有りしに、水面朱《あけ》に変じて、……池底を滃上《かえあ》ゲ侍りしに、右の鏡夥《おびただ》しく上りけるよし。又元のごとく奉納せり」と記されている。当時から池中に古鏡が存在することは、よく知られていたことがわかる。

ご本社の向かって右奥へ回りこむと、霊祭《れいさい》殿《でん》がある（図4－6）。実は神道で祖先を祀ることは一般的ではない。九州の太宰府天満宮で祖霊殿を見かけたことがあったが、明治以降、先祖祭祀は基本的には仏教が役割をになうことになった。

しかしながら、最初にも述べたように日本

図4-6　霊祭殿と東日本大震災犠牲者慰霊之塔（下右）

図 4-7　蜂子神社

の山岳信仰では祖霊祭祀が重要な役割を占めてきたのであり、神社となってからも、霊祭殿を置くことで、信者の信仰心に対応してきたのである。出羽三山神社の神葬祭は、独特の形式をとる葬送儀礼であるといい、神仏分離以降も、伝統が継承されてきたものといえようか。

霊祭殿からさらに奥へ進むと、卒塔婆(供養塔)や水子供養の風車が林立する斜面があり、東日本大震災犠牲者慰霊の大きな塔婆も建立されている。それらに加えて、おそらくは神仏分離時の廃仏毀釈によって首をもがれた地蔵の石仏なども並べられており、この場所は、あまり目立たないが、羽黒山頂の重要な聖地のひとつといえよう。

さて、山頂の巨大なご本社は、三神合祭殿と称されている(口絵参照)。その名の由縁は、羽黒山(稲倉魂命《うかのみたまのみこと》)・月山(月読命《つきよみのみこと》)・湯殿山(大山祇命《おおやまづみのみこと》・大国主命《おおくにぬしのみこと》・少彦名命《すくなひこなのみこと》)のそれぞれの神を祀っているからである。

羽黒山頂は近世において女人禁制ではなかった。奥山の月山と湯殿山は女人禁制であったために、女性は羽黒山にお参りすれば、三山すべてに参詣したご利益があるとされた。第一章で述べたように、この建物は度々火災で焼失したが、現存する建物は文政元年(一八一八)に再建されたものだといい、茅葺屋根の建築としては、国内最大級である。重要文化財に指定されている。

ご本社から少し降りたところに蜂子神社がある(図4-7)。近世には開山堂として能除太子が祀られていた。明治の神仏分離後に、仏教側が山頂での拠点にしようとしたが、初代宮司の西川須賀雄は明治政府に開山者を蜂子皇子であると陳情して、認められるに至った。

杉並木を下る

ここから麓の随神門《ずいしんもん》(旧仁王門)まで、二四四六段の石段が杉並木の中を縫うように続いている。ちなみに、この杉並木はフランスの観光ガイドブックであるミシュランで三ツ星に認定された。東北では宮城県の松島瑞巌寺《ずいがんじ》と並んで二カ所のみである。

鳥居から少し下った地点を右に折れると、神社の斎館《さいかん》と呼ばれる建物がある(図4-8)。昼食に精進料理を提供したり、宿泊の場としても利用されている。この建物は、江戸時代には華《け》蔵院《ぞういん》と呼ばれた清僧修験の居所であった。仁王門から山頂周辺にかけて、江戸時代には、別当

図 4-8　羽黒山参籠所斎館(旧華蔵院)

の居所であった宝前院をはじめ、清僧修験の院が三〇余り存在していた。

さきに述べたように、羽黒山麓の手向の宿坊には妻帯修験と呼ばれる半僧半俗の修験者が居住していたが、仁王門より山中に居住した清僧修験は妻帯せず、髪の毛を剃って頭を丸めた僧侶の修験者であった。妻帯修験は子どもに跡を継がせたが、清僧修験は弟子に跡を継がせた。ところが、清僧修験は仏教色が強かったために、神仏分離で下山を強いられ、その居所は破壊されてしまった。

その中で唯一残ったのが、この華蔵院の建物であり、近世の清僧修験の伝統を伝える貴重な文化財といえよう。幕府の使者を迎える部屋であったという上段の間も、客室として使われている。この部屋は、『蟬しぐれ』の映画化に際し、主人公牧文四郎《まきぶんしろう》とその父助左衛門《すけざえもん》との最後の別れという重要なシーンでのロケに使用され、緒形拳が名演技を披露した。

さて、石段をしばらく下ってゆくと左へ折れる道があり、一〇分ほど歩くと、松尾芭蕉が

『奥の細道』の旅の途上で宿泊したとされる南谷《みなみだに》の別院跡に出る(図2-7参照)。いまは建物はなく、庭園跡が残るのみであるが、晩春には芭蕉をしのぶかのように、『南谿集』(文化一五年(一八一八))に「花とともに残る薫りや南谷」と詠まれた桜が咲く。

なおも坂道を下ると、火石《ひいし》が現れる。この地点からは庄内平野が一望でき、かつて漆黒の夜に火を燃やして、日本海を航行する船に位置を知らせたものと思われる。いわば灯台と同じ役割を果たしていたのだ。『三山雅集』にも、渡海の船人がこの光を目路に乗る、との記述がみられる。羽黒山は豊漁をもたらしてくれる神としても崇拝され、前章に述べたように大晦日の夜におこなわれる松例祭では、一方が勝つと豊作、もう一方が勝つと豊漁がもたらされると信じられている。

石段を下りきって平地に出たところに聳え立つのが、国宝に指定されている五重塔である(口絵、本章扉参照)。バランスのとれたみごとな姿を有する五重塔は羽黒山のシンボルである。塔の心礎には仏舎利(お釈迦さまの骨)が納められているといい、極めて仏教的な建築といえる。

そのために、神仏分離の際には売却や取り壊しも議論されたというが、内部に神像を祀ることによって、破却を免れた。高さ二九メートルの三間五層柿葺《こけら》素木造で、東北地方で最古の塔とされ、平将門の創建とも伝えられるが、現存する塔は応安《おうあん》二年(一三六九)の棟札があり、

図 4-9　祓川橋と須賀の滝

図 4-10　随神門(旧仁王門)

約六五〇年余り前に再建されたものといわれる。それ以前の正和《しょうわ》二年（一三一三）創建との棟札もあることから、何度か再建されたものとみられる。いずれにしても、手向の黄金堂と並ぶ、羽黒山を代表する中世建築であることは疑いなかろう。

　五重塔から先へ進むと、祓《はらい》川橋《がわのはし》を渡る。祓川は、いわゆる体を清める禊《みそ》ぎをとるための場であった。『三山雅集』にも、この川に降りて禊ぎをしたので「はらひ川」と名づけたとあり、「此所よりいよいよ権現瑞籬《みずがき》の内」と記されていて、この川を渡ると聖域に入るという認識があったことを示している。対岸には須賀の滝が見えるが、この滝は天宥別当が上流から水路を開いて人工的に造ったものといわれる（図4－9）。

橋を渡ると、石段は逆にまた上りとなるので、継子坂《ままこざか》と呼ばれている。この坂を上りきると随神門が見えてくる(図4－10)。神仏分離以前は仁王門であったが、維新後は神像に置き換えられた。門から出ると左手に、いでは文化記念館の建物が現れる。さきにも紹介したように、羽黒修験の衣装や修行に関する展示などを見学することができる。

月山に登る

かつて、羽黒山から月山へ至る道は、「木原三里、草原三里、石原三里」と呼ばれた。この表現は、高山における植生の垂直遷移を巧みに表したものといえる。

月山の山麓には、世界自然遺産に登録されている青森県と秋田県の県境部に広がる白神山地にも劣らないブナ林を見ることができる。その広葉樹林帯より上部は、内陸の奥羽山地ならば針葉樹林帯となっていて、冬場はそこに生育するアオモリトドマツに樹氷が形成されることは、蔵王などでよく知られている。しかし、日本海に面して強風にさらされる月山には、この針葉樹林帯は、ほとんど見ることができない。森林限界を越えると、高山植物が咲き誇るお花畑の湿原地帯やハイマツ帯に出て、さらに登ると、火山の岩石がごろごろする岩場になって山頂に至るのである。

黒山
至立谷沢川
北月山荘
東補陀落
薬田禿山
本沢（立谷沢川）
月山七合目
御浜池
にごり沢
月山八合目
御田原参籠所
弥陀ヶ原
鶴岡市
藤島川
雨告山
鶴岡市
月山九合目
（仏生池小屋）
行者返し
庄内町
月山
1984 m
月山神社
（頂上小屋）
至念仏ヶ原
肘折
清川橋
柴燈森
胎内岩
金姥
牛首
鍛冶小屋跡
大雪城
清川
大蔵村
姥ヶ岳
1670 m
清川行人小屋
月山リフト
西川町
姥沢
烏川
至岩根沢
玄海
（県立自然博物園）
地蔵森山
岩根沢登山口
大蔵村
西川町
志津
五色沼
至弓張平・大井沢
至本道寺

七月から九月にかけての夏山が月山登山のシーズンである。現在は、庄内側からはＪＲ鶴岡駅から月山八合目までの登山バス（夏季のみ運行）を利用するか、内陸側からは山形駅から高速バスないし路線バスで月山南麓の西川町まで行き、町営バスに乗り換えて姥沢《うばさわ》まで行くのが、一般的なルートといえよう。庄内側の月山八合目からは徒歩三時間ほどで、山頂に至る。姥沢からの場合は、少し登ると夏スキー用のリフトがあり、これを利用すれば、終点から二時間余りで山頂に至ることができ、全ルート中で最短である。大量の積雪のおかげで、夏スキーは四月から七月末まで滑走可能である。リフトは紅葉の楽しめる一〇月半ばまで利用できる（図4-11）。

図4-11　三山の主要登拝ルート

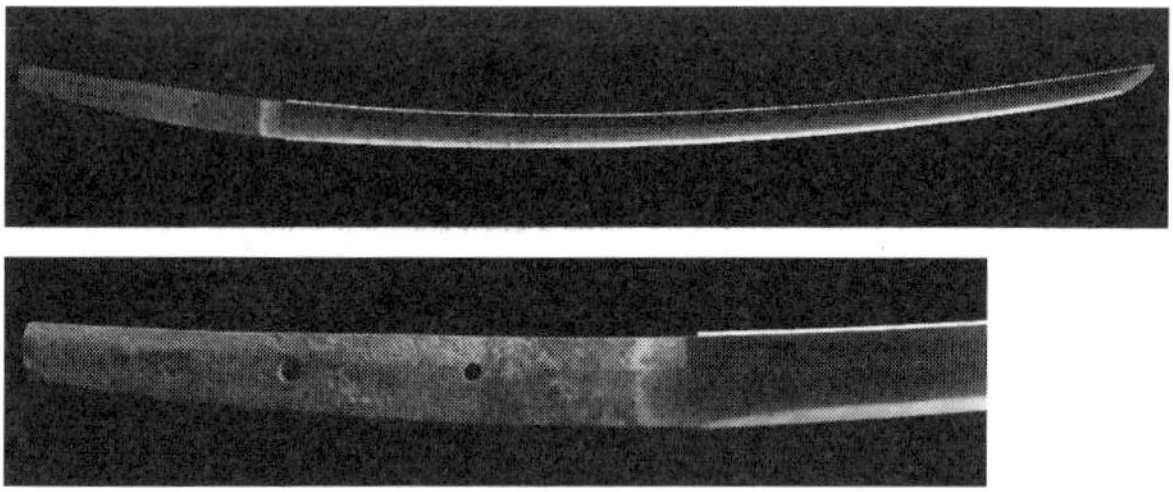

図 4-12 「綾杉肌《あやすぎはだ》」の特徴をもつ月山刀(南北朝時代)

リフトの終点からは、姥ヶ岳山頂を経て、湯殿山へ至る分岐点である金姥《かなうば》から柴燈森《さいとうもり》、牛首《うしくび》を経由して山頂へ至る道と、姥ヶ岳を巻いて牛首へ至る道とに分かれている。山頂のすぐ手前には鍛冶小屋跡がある。つい近年まで、この場所に小屋が存在していた。『奥の細道』でも、「谷の傍《かたわら》に鍛冶小屋と云有。此国の鍛冶、霊水を撰《えらび》て、爰《ここ》に潔斎して剣を打、終《ついに》「月山」と銘を切て世に賞せらる。彼龍泉に剣を淬《にらぐ》とかや」と記されている。芭蕉がすでに過去形で記しているように、月山刀は中世に月山鍛冶と呼ばれる刀工によって月山山麓で盛んに造られたが、戦国時代が終わると、いったんは途絶えたという。寒河江市の慈恩寺には、天文二四年(一五五五)に刀工月山俊吉が鍛造した草木文透釣灯籠《くさきもんすかしつりどうろう》が伝来する。幕末に月山家一門は大坂へ移住して、以後は関西を拠点として作刀活動をおこなっている。

月山八合目から

いっぽう、庄内側の八合目には、弥陀《みだ》ヶ原《はら》と呼ばれる高山植物が咲き乱れる湿原が広がっている(図4-13)。「草原三里」である。八合目には御田原《みたはら》参籠所、九合目には仏生池《ぶすいけ》小屋、そして山頂にも山小屋があるので、もし天候が急変しても避難することができる。

図4-13　弥陀ヶ原

九合目を過ぎると「行者返し」と呼ばれる急坂の岩場がある。かつて役行者が月山に登った時に、ここから先へ進めず戻ったことに由来する地名とされる。役行者は修験道の開祖とされる宗教者であり、彼も登ることのできなかった霊山が月山である、と解釈される。曽良の「随行日記」にも「行者戻リ」と記されている。

地形学では、月山火山の溶岩流の末端部が移動する過程で冷やされて流れにくくなり、後から来る溶岩に押されたため、舌の先のように盛り上がった形状となって、急崖が形成されたと説明される。

しかし実際には、それほどの急坂とはいえないことからも、第一章で述べたように開山にまつわる羽黒修験の自己認識に由来する名称であろう。

図 4-14　行者返し

図 4-15　月山にあった山小屋(いでは文化記念館展示)

いまは八合目まで自動車道路が整備されているが、かつては羽黒山頂から月山山頂へ至る参詣道が延々と伸びていて、各合目ごとに山小屋が置かれていた。雪が消える頃に草葺きの仮設小屋を建てて夏山の参詣者に対応したといい、渡辺幸《わたなべゆき》任《と》による詳細な調査記録が刊行されている。かつては全部で一七軒の山小屋があったとされるが、高度成長期に道路が上へ上へと整備されるとともに、山麓の山小屋から姿を消していった。

これらの山小屋は、手向の宿坊の山伏たちによって維持運営されてきたのであった。その食文化については後述するが、それぞれの山小屋で参詣者に提供する食べ物も違っていた。いまも北アルプスの立山連峰周辺の山小屋の多くは、かつて登拝口であった山麓の富山県中新川郡《なかにいかわ》立山町芦峅寺《あしくらじ》集落の人々が維持運営しているのであるが、これらは山岳信仰の伝統を受け継ぐものであるといえる。

さて、月山の山頂には奥宮が鎮座する(口絵参照)。祈禱料を受付で支払うと、境内でお祓いを受けることができる。かつて、月山の標高は、三角点の位置する一九八〇メートルとされていたが、五百沢智也《いおざわともや》(一九三三―二〇一三)の実測によって最高地点の標高が判明し、現在は一九八四メートルと修正された。日本の著名な高山の正確な標高を現地測量によって明らかにした五百沢の功績は大きい。

図4-16 念仏ヶ原

肘折口へ下る

月山山頂からは、いくつもの方向に下山路が延びている。なかでも、最上地方の肘折《ひじおり》口(大蔵村)へ下る登山道は丸一日を要するために、前夜に山頂小屋に宿泊する必要がある。筆者も大学院生時代に一度だけ歩いたが、立谷沢《たちやざわ》川の源流を渡る橋の手前で沢に降りてしまい、しばらく徘徊した後に再び元の登山道へ戻って、ようやく橋へ到達できたことが思い出される。

図 4-17　かつての肘折温泉(上：大正頃，中：1950 年頃)と，現在の「ひじおりの灯」風景

途中の湿原地帯の念仏ヶ原には避難小屋があるので、そこに泊まれば登りのルートにも使えるが、熟練登山者向きのコースといえる。念仏ヶ原は、小さなカルデラのくぼみにある湿原地帯で、尾瀬を思わせる天上の楽園である(図4-16)。

肘折口には温泉集落があり、JR新庄駅から村営バスが運行している。高度成長期以前の肘折温泉は木造三階建ての湯治旅館が建ち並ぶみごとな景観を有していたが、惜しむらくは多くが建て替えられ、その景観はほとんど失われてしまった。しかし、今も湯治文化を伝える朝市が開かれるなど、温泉情緒に満ちており、夏には東北芸術工科大学との共催で「ひじおりの灯」と呼ばれる灯籠絵の展示イベントも開かれている。

肘折口別当の阿吽院《あうんいん》は、江戸時代初期に、参詣者を確保するため最上川に沿う烏川《からすがわ》へ移転し、肘折には松・竹・梅の三坊が存在したという。阿吽院は、両造法論以後、羽黒の末派修験として新庄領触頭《しんじょうりょうふれがしら》という地位に置かれたこともあって、肘折は宗教集落としては発展をみることなく、むしろ湯治場としてにぎわった。

なお、上述の烏川より少し下流の最上川左岸の「作の巻《さくのまき》」という集落に、近年まで大日坊の大蔵出張所が存在した。この出張所を描いた大絵馬「湯殿山登拝図」が大蔵村に残されており、女性の参詣者が描かれていることから、明治以降の成立と考えられる。さきに述べたように、大日坊は明治の神仏分離以降も仏教寺院として残り、湯殿山の祭祀権を失ったことから、新たな信者を獲得すべく、この大蔵出張所を設けたものと思われる。

岩根沢口へ下る

また、月山山頂から本道寺口と岩根沢口方面へ下る登山道も存在するが、途中で大雪城《おおゆきしろ》と呼

図 4-18　岩根沢三山神社(旧日月寺)本殿

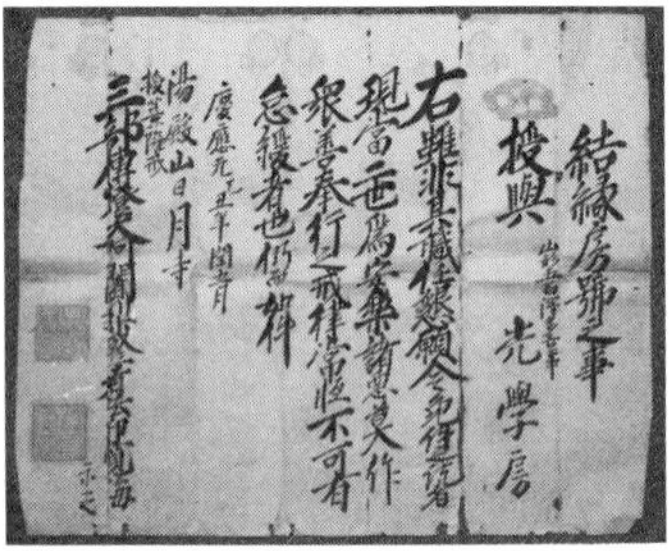

図 4-19　日月寺発行の修験免許状

ばれる巨大な雪渓を横切る場所がある。かつて山頂小屋に宿泊した折に、ご主人からアドバイスを受けたことがあるが、雪渓の下りは迷いやすいので、もし利用するなら登りのルートをおすすめしたい。本道寺と岩根沢には、西川町の町営バスが運行している。

岩根沢からの登山道は、本来は清川行人小屋《きよかわぎょうにんごや》を経て、山頂へ至るルートであったが、林道の崩壊にともない、いまは地蔵森山をトラバースして、本道寺からの登山道に合流するルートになっている。山頂までは五時間余りを要する。

岩根沢の別当寺であった日月寺《にちがつじ》は、文久三年(一八六三)の宗門人別帳によれば、境内の塔中《たっちゅう》四院は清僧修験であり、門前は妻帯修験二六坊、百姓三六軒からなっていた。ただ、明治以降の火災にともない、門前集落の面影はあまり残されていない。旧日月寺本堂であった現在の岩根沢三山神社本殿は、間口が六〇メートル余りの巨大な建造物であり、天保一二年（一八四一）に再建されたもので、重要文化財に指定されている（図4-18）。また、山門も見事である。九月の大祭には、太々神楽《だいだいかぐら》が奉納される。この神楽は神仏分離後に福島県から伝えられたものという。

一九九〇年、岩根沢の一角に丸山薫《まるやまかおる》記念館が住民たちの力によって開館した。丸山薫（一八九九―一九七四）は、戦前から活躍した詩人であり、戦時中の一九四五年四月に岩根沢へ疎開し、一九四八年まで当地で国民学校の代用教員を務めた。その間、『北国』など四冊の詩集を刊行するなどの業績を残した。彼は、この地を「仙境」と表現している。

図4-20　口之宮湯殿山神社（旧本道寺）

本道寺口へ下る

さて、本道寺からの登山道は、本道寺の口之《くちの》宮《みや》湯殿山神社（図4-20）の裏手から尾根道をひたすら登り続けるロングコースとなっている。しばらく登ると、姥像があり、おそらくは、この場

図 4-21　月山胎内岩

所が女人結界の地であったと思われる。山頂までは七時間余りを要する。筆者も若い頃に山形を早朝のバスで出発して、このコースを日帰り登山したことがあったが、たいへん厳しい行程であったことが思い出される。

本道寺は、享保九年(一七二四)の宗門人別帳によれば、境内に別当一人、隠居二人、弟子六人、召使一三人を抱え、脇院として清僧六坊、門前に妻帯六坊があった。本道寺村は上組と下組に分かれ、上組は「百姓衆」、下組は「門前衆」と呼ばれ、元来は門前衆が宿坊を営んでいたが、近世後期に参詣者が増加すると、百姓衆もしだいに宿坊を営むようになっていった。

江戸時代の本道寺本堂は岩根沢日月寺と同規模の巨大な伽藍であったともいわれるが、戊辰戦争に巻き込まれて焼失したことが惜しまれる。現在は国道一一二号線が神社のすぐ下を通り、国道の脇には参詣記念碑がいくつも見られる。参道の石段を下ると、本道寺の門前集落に至るが、岩根沢と同じく、かつての面影はあまり残されていない。

また、近世後期の参詣者の増加にともない、近隣の横岫《よこくき》でも山先達を務める例がみられるようになり、このうち、瀧泉院《りゅうせんいん》は、八聖山《はっしょうざん》別当を兼ねた。八聖山は鉱山労働者の信仰を集め、明治の神仏分離で金山《かねやま》神社となったが、現在も秋田県方面の鉱山労働者の信仰が篤い。

なお、このルートを月山山頂から少し降りた地点に胎内岩と呼ばれる巨岩がある(図4―21)。最初に述べたように、霊山では、しばしばこう称される場所が存在するが、これは修験道の修行が擬死再生儀礼と呼ばれる生まれ変わりの修行であることから、胎内くぐりの儀礼が重要視されるのである。

この胎内岩は、月山の奥の院とされ、周辺には墓石が多く見られる。おそらくは参詣者が先祖祭祀の目的で、この地点までかつぎあげてきたものと推測されるが、詳細は不明で、今後の調査研究が期待される。

参詣者が歩んだ六十里越街道

月山山頂からの下山路として、距離が短いのはさきに述べた内陸側の西川町の姥沢へ降りるルートになる。牛首から姥ヶ岳を経由して姥沢に至るが、このルートは明治以降に新たに開かれた登山道である。

かつての参詣道は、庄内地方と内陸を結ぶ六十里越《ろくじゅうりごえ》街道に沿う最奥の集落である志津《しづ》から玄《げん》

図 4-22　六十里越街道
(弓張平〜志津付近)

海《かい》を経て、石跳沢《いしはねざわ》を上流へと登るルートであった。今は玄海に山形県立自然博物園が設置されており、ブナの原生林の中で、豊かな自然環境を体験できる野外学習施設として利用されている。園内には、ネイチャーセンターが設けられており、月山の四季などの環境に関わる展示を見学することもできる。

この施設が開園する以前、この場所に大きな山小屋が建っていたことが筆者の記憶の片隅にある(図4-23)。玄海には池もあって、かつては内陸側の修験者にとって重要な修行の地であった。「一世行人《いっせいぎょうにん》」と呼ばれる修行者たちについては章を改めて述べたいが、彼らのうち、大井沢大日寺と本道寺に属していた者は、この玄海の行人小屋で修行に励み、布教などに取り組んだ。彼らの名を記した御札が残されており、幕末から明治にかけて活動した北辰上人や、即身仏として知られる明海上人の弟子の明全海、二千日山籠を果たした龍海、木食行《もくじきぎょう》をおこなった永明上人の名がみえるという。

行人の中には不心得者もいたようで、文政六年(一八二三)には本道寺・大日寺・注連寺・大

図 4-23　かつての玄海小屋と，玄海の石碑群

日坊の別当四ヵ寺が行人掟を作成して、取り締まりにあたった。近頃、不行儀な行人が多く、行屋で信者からお金を集める勧化をしたり、別火の区別もなおざりにし、雪の季節には出羽三山を離れて寄附を集める勧進をおこなうなど風聞もよろしくないので、定めたという。

　玄海の行人小屋は、明治以前は元玄海と呼ばれる北上方の場所にあり、北辰上人が幕末から明治初年にかけて下方に移転したという。付近には石畳や相当数の石碑が半ば埋まり、散乱しているという。

　かつて、志津は六十里越街道の峠

図 4-24　昭和初期の志津「つたや旅館」と，現在の「雪旅籠の灯り」風景

図 4-25　大井沢大日寺跡(現湯殿山神社)

下集落であった。一七世紀初頭、戦国大名の最上義光の時代に、峠の両側に志津と田《た》麦俣《むぎまた》の集落が配置されたといわれる。近世には、三山参りの旅人の昼食や休憩の場となった。いまはボーリングによって温泉も湧き出し、月山夏スキーの拠点となっており、真冬の二月下旬から三月上旬にかけて「雪旅籠の灯り」という夜のイベントが実施されている。六メートルにも及ぶ

大量の積雪を活用して、雪で旅籠の町並みを再現するもので、旅籠の中には、ろうそくが灯され、幻想的な雰囲気をかもしだしている。

大井沢からも志津を経由して、三山参りがおこなわれた。大井沢大日寺も、岩根沢日月寺に劣らない大伽藍を有していたが、残念ながら明治末の大火で旧仁王門などの一部を残して灰燼に帰し、今は礎石を残すのみである(図4-25)。大日寺には、元禄八年(一六九五)、六供《ろっく》七坊、門前家来六軒があったという。六供は清僧、門前家来は妻帯修験であろうか。近世後期になると、史料に山先達の坊名が現れてくる。門前百姓が参詣者の増加にともない、山先達を務めるようになったと思われる。

今日の大井沢は、新潟県と山形県の境に位置する朝日連峰への登山基地としても利用され、廃校を活用した自然博物館および「自然と匠の伝承館」が設置されている。付近は山菜の宝庫でもあり、春から秋まで、名物の山菜料理が人気を集めている。

ブロッケン現象とご来迎

月山山頂付近では時折、「ご来迎」と呼ばれる現象を見ることができる。ヨーロッパでは、「ブロッケンの妖怪」と呼ばれていた現象である。筆者は登山経験がそれほど多いとはいえず、残念ながらブロッケン現象に出会ったことはない。

　この現象は、太陽高度の低い明け方や夕方に、登山者の影が雲海に映し出されるものである。前近代のヨーロッパでは、山岳地帯は悪魔や魔物(吸血鬼もその代表例といえよう)などの棲む世界とされ、登山は忌み嫌われた。トーマス・マンの小説『魔の山』というタイトルは、それを如実に表している。このような伝統的山岳観を克服したのが、近代アルピニズムということになる。

　いっぽう、日本では、中世の「二河白道図《にがびゃくどうず》」にみられるように、天から神仏が降臨すると信じられていた。立山山麓に伝来する「立山曼荼羅」(図1-1参照)でも、山頂に降臨する神仏が描かれている。このように、日本では、このブロッケン現象は、神仏の降臨を間近で拝むことのできる貴重な体験とされてきた。

　出羽三山の紀行文などでも、ご来迎について記されたものが存在する。筆者はかつて、最古の三山参詣記録である延宝六年(一六七八)の橘三喜《たちばなみつよし》の『一宮巡詣記《いちのみやじゅんけいき》』を紹介したが、この文中にみえる「人々来迎ありとさわぎあへり、朝日雲にうつり誠に来光有難く」という記述は、ブロッケン現象を指すものと思われる。

　ただ、うかつなことに曽良の「随行日記」や『三山雅集』にも、ご来迎に関する記述のあることを見逃していた。「随行日記」には「申《さる》ノ上尅、月山ニ至。先、御室ヲ拝シテ、角兵衛小ヤニ至ル。雲晴テ来光ナシ。夕ニハ東ニ、旦ニハ西ニ有由也」と記され、ご来迎には遭遇することはなかったものの、山頂で夕方には東、朝方には西の、太陽とは反対方向に、ご来迎が出現するという話を耳にしたと思われる。金森敦子『「曽良旅日記」を読む』にも、月山のご来迎に関する指摘がみられる。

図 4-26　装束場(1921年頃)

湯殿山へ下る

さて、志津から玄海を経てこの石跳沢を登りきった場所は、「装束場《しょうぞくば》」と呼ばれている。「両造法論」については第一章で述べたが、この内陸側と庄内側の分水界の地こそが、近世において天台宗側と真言宗側の祭祀権の境界であった。それぞれの宗派で参詣の衣装が異なっていたために、この場所で装束を着替える必要があったという。それゆえ、八方七口の別当寺が、それぞれ装束を着替えるための小屋を設けていたのであった。近年まで、この場所に薬湯を飲ませてくれる山小屋があったが、いまはなくなってしまった。

この装束場から、庄内側へ急崖を降りてゆくと、湯殿山に至る。途中に水月光《みずがっこう》、金月光《かながっこう》と称される急な岩場があるが、鎖などが整備されているので、安全に歩くことができる。この坂道は、かなり急なこともあってか、古くから下りに使われる例が多くみられた。

下りがゆるやかになってくる頃に、湯殿山本宮がみえてくる。本宮といっても、社殿はない。一般的な山岳信仰では山そのものが崇拝の対象であり、山頂に奥宮が置かれるのに対し、湯殿山は谷間の沢沿いの温泉が湧き出す赤茶けた巨岩が崇拝の対象となっており、非常に特徴的な自然崇拝である。

すでに述べたように、ご神体(ご宝前《ほうぜん》)であるこの巨岩は、温泉ドームないし噴泉塔と呼ばれるもので、湧出する温泉の成分が固化したものである。以前に化学の教員の方といっしょに参詣した時に「これはベンガラですよ」と説明を受けたことが記憶に残る。

ご神体の奥にある水のしたたる岩に、「先祖代々之霊位」と記した形代《かたしろ》の紙を濡らして貼りつける岩供養がおこなわれている。この先祖供養の儀礼も、元来の山岳信仰の面影を今日に伝えるものである。

湯殿山本宮から少し下ると、駐車場があり、シャトルバスで湯殿山有料道路の終点の大鳥居前の駐車場まで移動できる。もちろん徒歩でも移動はできるし、沿道にはいくつかの拝所もある。ご神体の直下には流れ落ちる滝があり、下流の仙人沢《せんにんざわ》に沿う拝所をめぐる「お沢めぐり」と呼ばれる儀礼があるが、危険な箇所もあるために熟達した案内者を必要とする。

湯殿山有料道路は、旧湯殿山ホテル前で一般道に接続している。国道一一二号線の旧道は、ここから峠を越えて内陸側の志津に至るが、積雪期は閉鎖され、それ以外の季節も落石などで通行止めになる場合がある。一九八〇年代前半にトンネルで峠を抜ける月山新道が開通する以前は、山形県の内陸と庄内とを結ぶ交通路は雪で閉ざされ、積雪期は最上川に沿う国道か鉄道で迂回するしかなかったのである。

図 4-27　湯殿山本宮方向から大鳥居を望む

かつて湯殿山ホテル前には、鶴岡と山形を結ぶ高速バスの停留所があり、三山参詣者にも利用されていたが、数年前の大水害によってホテルは休業するに至り、高速バスも立ち寄らなくなったことが惜しまれる。鶴岡駅から湯殿山行きのシャトルバスは初夏から秋までの休日のみ運行されている。なお、湯殿山有料道路の終点には出羽三山神社の参籠所があり、宿泊の拠点となっている。

田麦俣から大網へ

旧湯殿山ホテル前から道路をしばらく下ると、月山新道に出て、湯殿山トンネルと月山第二トンネルを抜けると、湯殿山スキー場が見える。この地には第二次大戦後に入植者によって開拓集落が形成されたが、過疎化によって廃村となり、跡地にスキー場が開発された。

図 4-28　田麦俣の多層民家「旧渋谷家住宅」(致道博物館展示)

さらに下ると、眼下に田麦俣集落が見えてくる。田麦俣には兜《かぶと》造りと呼ばれる多層民家が二軒だけ残り、一軒は民宿を営んでいて、もう一軒の「旧遠藤家住宅」は資料館として開放されており、見学が可能である。

この多層民家は、飛騨白川郷の合掌造りの民家と同じく、山村の大家族制のもとで造られたのであった。かつては、三山参りの旅人を泊めるためとも説明されたが、むしろ参詣者が減少した明治以降の建築が多いといわれ、上階で養蚕をするために生まれたとされる。養蚕は風通しの良さが不可欠であるために、高窓が付けられていて、その屋根のかたちから兜造りと呼ばれるようになった。

田麦俣からさらに下ると、大網盆地に至り、この地に大日坊《だいにちぼう》と注連寺《ちゅうれんじ》が存在する。この盆地は地すべり地形の場所にあり、二〇〇九年春には、注連寺のある七五三掛《しめかけ》地区で大規模な地す

図 4-29　大日坊仁王門

図 4-30　注連寺

べりが発生して、大きく報道されたことは記憶に新しい。注連寺の境内は、かろうじて被害を免れた。明治中期に発生した酒田地震後には、大日坊の旧境内地で大規模な地すべりが発生し、いまの境内地へ移転したという。

庄内藩の一七世紀の記録である『大泉紀年《たいせんきねん》』の元和八年（一六二二）の記事に大日坊への書翰がみえ、同じく明暦二年（一六五六）には、

将軍家の疱瘡平癒の祈禱のために、湯殿山注連寺・大日坊へ検使を送った記事がみえる。

大網大日坊と七五三掛注連寺には、塔中の清僧は存在せず、「山内衆《さんないしゅう》」と呼ばれる真言宗当山派に属する妻帯修験が存在した。彼らは奥州以外の参詣者の先達を務め、他に奥州からの参詣者の先達を務める湯殿山案内先達が、大日坊と注連寺に各一五名いたという。

大網からさらに下ると、旧六十里越街道は十王峠を越えて庄内平野へと出たのだが、いまの国道一一二号線は赤川に沿う谷筋を通り抜けている。十王峠には、古い石仏が祀られており、庄内平野に抜ける麓に位置する東岩本集落の本明寺《ほんみょうじ》には、本明海上人《ほんみょうかいしょうにん》の即身仏が祀られている。即身仏については、次章で詳しく述べたい。

三山一枚絵図を読む

ここまでは現在の出羽三山を歩いてきたが、ここからは近世の絵図を手がかりに、いまでは失われたところもある山岳信仰の世界観のなかの出羽三山を旅してみよう。

出羽三山を描いた前近代の古地図(絵図)は、いくつかが残されている。徳川幕府が各藩に命じて作成させた国絵図と称される古地図にも、出羽三山が描かれている。出羽三山を描いた絵図で最古のものは、おそらく一七世紀半ばに作成された正保の出羽国絵図であろう。この絵図の写本は秋田県立公文書館や、鶴岡市の致道《ちどう》博物館、そして米沢市の上杉博物館などに所蔵されている。

秋田県立公文書館の写本によれば、六十里越街道に沿って、「注連寺」「大日坊」「日月寺」という登拝口の別当寺の文字注記があり、寺院建築の絵画表現もみえ、「月山」「湯殿山」の文字注記もみえる。羽黒山については、文字注記はないが、いくつかの伽藍が描かれている。

とりわけ注目したいのは月山である。山頂付近に白く雪をいただいた山容で表現されており、いかにも霊山という雰囲気をかもし出している。このような描かれかたは、多くの国絵図で、それぞれひとつの山のみに限られており、その地域を代表する聖なる山の象徴的表現であると考えられる(図4-31)。

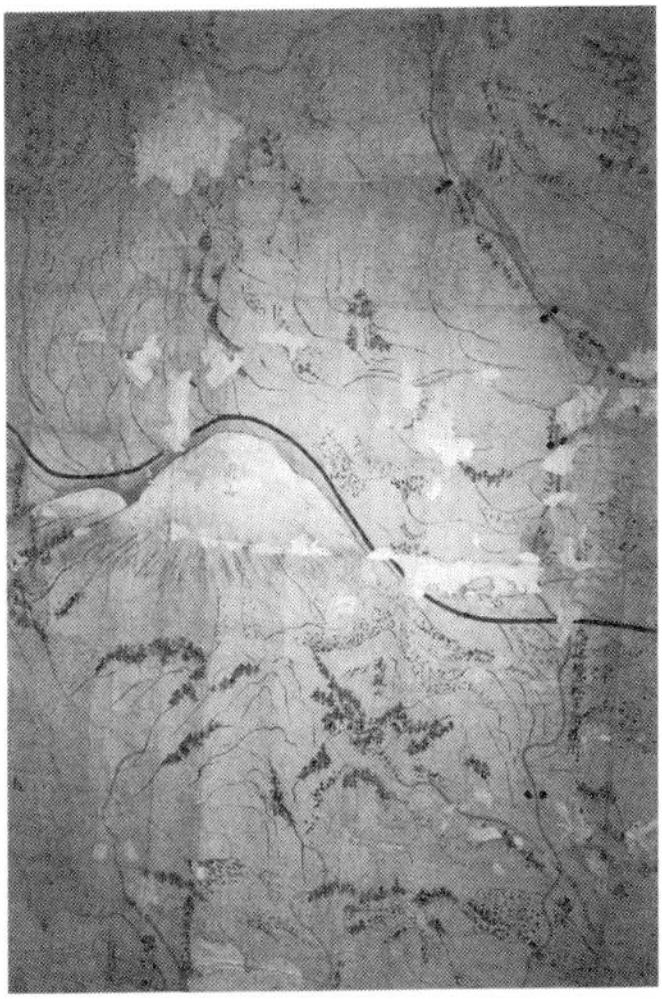

図 4-31　出羽一国之絵図(致道博物館本，部分)

　また、羽黒山にも、幕末にかけて木版印刷された絵図が残されている。この絵図は「湯殿月山羽黒三山一枚絵図」と題

湯殿月山羽黒三山一枚繪圖

板本羽黒山麓

錦江齋春艸画

高橋長助

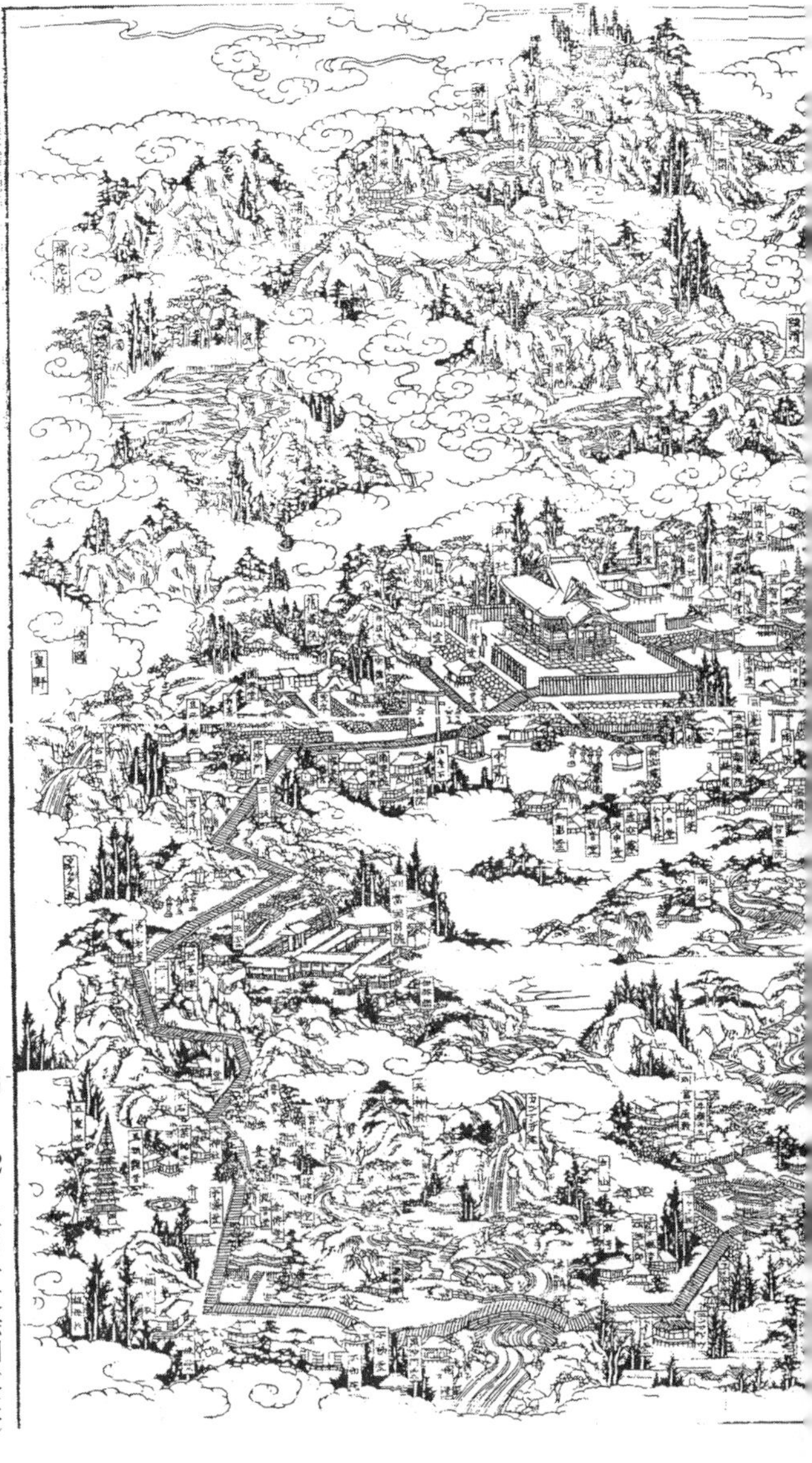

図4-32　三山一枚絵図(全体)

されているが、ここでは三山一枚絵図と略称する。三山一枚絵図は三種が存在するが、嘉永六年(一八五三)の作成とされる絵図を取り上げよう(図4-32)。

この絵図は「本所中之郷原庭町錦江斎春草画、同所彫工高橋良助」と制作者が明記されており、地元で版木が作成されたのではなく、江戸の浮世絵師と思われる専門家に依頼したことが知られる。なお、この版木は、ここまでに何度か紹介してきた『三山雅集』とともに、手向の恩分であった芳賀兵左衛門家に伝来している。

このような木版刷りの絵図は、名所旧跡や社寺仏閣を描いたものが、旅人や参詣者のお土産用などとして、江戸時代後期になると大量に流布した。中には、浮世絵風の多色刷りのものも散見し、古書店の目録にもしばしば掲載されている。

前述のように、明治の神仏分離で、出羽三山をはじめとする神仏習合の宗教景観は大きく変貌を余儀なくされた。その変貌以前の景観が、こうした絵図には表現されているのであり、往時を知るてがかりとなる貴重な史料といえよう。

描きこまれた女人救済儀礼

さて、この三山一枚絵図の中で、特徴的な描写を紹介してゆこう。まずは左下に描かれた五

図 4-33　血の池と祓川橋(拡大)

重塔のそばに、渦巻き模様の池があることがわかる(図4-33)。この池は出羽三山神社所蔵の別の絵図では赤く彩色されており、「血之池」と文字注記がある。地獄の血の池が、この場所に存在したのであった(口絵参照)。

また、前述の祓川橋の両岸に、それぞれエンマドウ(閻魔堂)と姥堂が存在する。この絵図の解読を進めていた際に、この事実を知って驚いたことがあった。というのも、山岳信仰における女人救済儀礼として著名な立山芦峅寺の布橋大灌頂《ぬのはしだいかんじょう》(布橋灌頂会《ぬのばしかんじょうえ》)と同様の舞台装置が設定されていたのである。

山岳信仰は女人禁制の宗教であると

図 4-34　立山曼荼羅(大仙坊Ａ本，布橋大灌頂部分)と，現在の布橋灌頂会

理解されてきたが、必ずしも女性を排除しているわけではなく、女性のための儀礼もおこなわれていたのであり、その代表例が立山の登拝口である芦峅寺の布橋大灌頂であった。

　秋彼岸の中日におこなわれていたこの儀礼は、布橋をはさんで集落側にある閻魔堂から、白い布を対岸の姥堂まで敷き詰め、その上を参詣の女性たちが渡るものであった。姥堂の周辺は墓地となっており、いわばあの世の空間であり、布橋は現世と他界とをつなぐ役割を有しているのである。「立山曼荼羅」には、この布橋大灌頂が大きく描かれている(図4-34)。

　そこで、羽黒山にも閻魔堂と姥堂が存在したのであれば、この地点でなんらかの女人救済儀礼がおこなわれていた可能性が高いと考え、近世の道中日記の当該箇所を片っ端から拾い読みしていった。そうすると、血の池の存在を記した道中日記がみつかった。それが、第二章で詳しく紹介した出羽国泉村鈴木清三郎義満の「最上庄内越後道中記」である。ここでは、しかも祓川橋を「無明の橋」と記していた(九〇頁参照)。

無明の橋とは、あの世とこの世の間に架かる橋を意味し、高野山奥の院の弘法大師御廟前の橋がよく知られている。立山の布橋も、同じくあの世とこの世をつなぐ橋であったのだが、羽黒山の祓川橋もまた、同様の役割を有していたことが明らかになった。

立山においては、女人救済のための血盆経《けつぼんきょう》奉納がおこなわれていたが、立山山中に位置する地獄谷は女人禁制であることから、奉納を願った女性たちのために、男性が預かった血盆経を代理で奉納しに向かったのであった。血盆経とは、中国で生み出された偽経であるとされるが、血の穢れのために地獄へ堕ちた女性を救済し、極楽往生に導くという経典であり、日本でも各地の寺院で頒布されている。

いっぽう羽黒山では、血の池のそばで血盆経が売られていたことを記す道中日記も見つかっている。羽黒山の山内はすでにふれたように一部を除き女人禁制ではないので、女性たちは自分自身の手で、血の池に血盆経を奉納することができたと思われる。立山ほど有名ではなかったとしても、羽黒山においても女人救済儀礼が存在した可能性を確認できたことは有意義である。前近代の山岳信仰は女人禁制というイメージが先行するきらいがあるのだが、各地の霊山にも、まだまだ女人救済儀礼が存在していた可能性があると思われ、その解明は今後の課題といえよう。

なお、羽黒山の女人救済儀礼に関わる記述が『三山雅集』にもみられる。山頂の鐘楼と東照宮の間あたりに地蔵堂の記載があり、「此の所、むかしは女人戒壇有て、善縁を結ばんとおもふ者此の辺に詣で、戒壇を踏けるよし。今に無縁の卒都婆を建てて、回向の手向水浅からず。されば山上山下この堂に集会せり。故に三昧所と号す」と記されている。一八世紀の段階で、すでに女人戒壇は消滅していたとしても、女性のための儀礼がおこなわれていた証しとして貴重な記載であるといえよう。

門前町手向のにぎわい

さて、絵図の右下は手向の門前町を大きく描いている(図4-35)。前述のように、手向には三〇〇坊余りの妻帯修験が居を構え、参詣者を泊める宿坊を営んできた。町外れにT字路があり、北から手向に入る道は「清川道」と記されている。

図 4-35　手向の門前町(拡大)

清川《きよかわ》は最上川に沿う河港であり、内陸の置賜盆地から村山盆地、新庄盆地を経て流れてきた最上川が庄内平野に出た谷口に位置する集落である。内陸から川舟で下ってきた参詣者は、ここで舟を降りて、狩川から南下して手向の門前町へと移動した。

このように、最上川水運は内陸から米や紅花などの特産物を運んだだけでなく、出羽三山参りの参詣者を輸送する手段としても活用されていたのである。道中日記では、夜

図 4-36　手向の参詣人案内所

舟の利用もみられ、現代の夜行バスと同じく、効率的な旅の手段として使われていたことが知られる。そして、庄内側に加えて、最上川水運の利用によって内陸側からも参詣者を集められたことが、八方七口の中で手向が優位になるに至った理由のひとつといえよう。

内陸と庄内を結ぶ交通路としては、前述の六十里越街道が存在したが、この街道は険しい峠越えの道であり、しかも冬季は雪に閉ざされてしまう。地理学者の田中啓爾《たなかけいじ》の古典的名著に『塩および魚の移入路』があるが、時間がかかっても傷まない塩は、最上川水運で内陸へと広範囲に大量輸送され、傷みやすい魚は六十里越街道を庄内浜から内陸へと急ぎ陸送されたのである。

いっぽう、西(図の右手)から手向に入る道には「鶴ヶ岡道」と記されている。この道は庄内藩の城下町である鶴岡から手向に至る参詣路であり、現代でもJR鶴岡駅から路線バスが走る羽黒山参詣の主要道路となっている。このT字路の交差点のところのバス停は「案内所前」と名づけられ、今なお、バス停のすぐそばに参詣人案内所と記された小さな建物がある(図

4-36)。

手向では、霞場ないし檀那場と呼ばれる布教担当地域が宿坊ごとに決まっていて、参詣者は必ず受け持ちの宿坊に泊まらなければならなかったことはすでに述べた。もし、自らの泊まるべき宿坊が不明な場合には、この案内所で確認することになっていたのであった。手向には、宿坊以外に二軒の旅館があるが、これらの旅館は月山から下ってくる参詣者しか泊めてはならないことになっていたという。

ところで、手向の中心部に大きな鳥居が描かれている。この鳥居は現存しないが、ここが手向のシンボルといえる場所であることを示している。その鳥居をくぐったところに大きく描かれているのが黄金堂《こがねどう》の境内である。

前述のように、黄金堂は源頼朝が奥州藤原氏との戦いの戦勝祈願のために寄進したと伝えられ、五重塔と並ぶ羽黒山の中世建築として知られている(図1-3参照)。明治の神仏分離以降は、道の向かい側に位置する仏教寺院の正善院《しょうぜんいん》が黄金堂を管轄することとなり、仏地として残された。手向のシンボルである黄金堂および前述の荒沢寺が仏教の拠点となったことは、羽黒山の神仏分離において、仏教側が一定の聖地を確保したとみてよかろう。

黄金堂の広く描かれた境内の中で、大きめに描かれている建物が、お竹大日堂《たけだいにちどう》である。お竹

図4-37　お竹大日像

は元和八年(一六二二)に手向で生まれ、江戸日本橋の豪商である佐久間家に奉公に入った女性であるが、実は大日如来の化身であったとされ、延宝八年(一六八〇)に亡くなった後、「お竹大日如来」として祀られたという。幕末には、江戸でお竹大日如来の出開帳《でかいちょう》もおこなわれた。その肖像は浮世絵にも描かれ、また鏑木《かぶらき》清方《きよかた》も描いている(「阿竹大日如来」一九四三年)。

お竹大日堂が黄金堂の境内に建立されたのは寛文年間(一六六一―一六七三)ともいわれ、元文元年(一七三六)版「於竹大日如来略縁起」によれば、お竹の往生は前述と異なり、寛永一五年(一六三八)とされる。この寛永・寛文年間は先述の「両造法論」の時期と重なることから、湯殿山の祭祀権を得ることのできなかった羽黒山にとって、その代替となるべきよりどころこそが、お竹大日如来であったのかもしれない。

戸川安章によれば、お竹大日如来は、元文五年(一七四〇)、安永六年(一七七七)、文政一二年

（一八二九）、嘉永二年（一八四九）の四度にわたり、江戸で出開帳がおこなわれたという（『出羽三山と修験道』）。私見では、この出開帳は江戸の城下町に出羽三山信仰を布教するためのアイデアであったとみたい。しかしながら、山岳信仰は基本的には農民の豊作祈願であったため、都市部へ浸透させることは困難であり、多くの参詣者を集めることはできなかったとされる。

立山信仰は江戸城の大奥や吉原の遊女へ広まったことが明らかにされ、富士講もまた、江戸の町民に深く浸透し、各地に富士塚が建立されたりしたが、それらの山岳信仰は例外的といえよう。結果として、江戸に出羽三山信仰を広めることに成功したとはいいがたい。

荒沢三院、水石、湯殿山

絵図に戻ろう。黄金堂の描かれた上部の空間に、荒沢の奥の院が詳細に描かれている（図4―38）。経堂院《きょうどういん》・北之院《きたのいん》・聖之院《ひじりのいん》の荒沢三院に加えて、観音堂・念仏堂・庚申堂・地蔵堂など、いくつもの堂舎の表現がみられる。

これらの中で重要と思われるのが、常火堂《じょうかどう》である。修験道は火を重んじる宗教であり、各地の霊山には、富士吉田や那智など、いまも火祭りがいくつも伝わっている。護摩焚きもまた、火を祀る儀礼である。

図 4-38　荒沢三院・水石・湯殿山(拡大)

さらに、天台宗にもまた、火を清浄なるものとして崇める信仰があり、比叡山の不滅の法灯は、その代表的存在である。織田信長の比叡山焼き討ちでいったん途絶えた法灯は、比叡山から遷されていたとされる山寺立石寺から再び遷しかえて、復活したとされる。

このように、荒沢には常火堂が存在したからこそ、羽黒山の奥の院とされ、女人禁制となっていたのではなかろうか。絵図にも、北之院のすぐ上に「女人禁制」の文字が見え、経堂院の少し左には、この奥の院の地を迂回する「女人道」の文字が見える。

この奥の院の右上に「水石《みずいし》」が描かれていることもまた興味をひかれる。水石は、南野《みなみの》というところにあって、この石から泉が湧き出し、玉川となって庄内平野の水田をうるおし、豊作をもたらしてくれる存在であったが、いまは姿を消したという。水源としての山は、日本の稲作農耕にとって重要な存在であり、日照りの際はさまざまな雨乞いの儀礼も各地の霊山でおこなわれた。常火堂のすぐそばに水石が配置されている対称性もまた、羽黒修験の世界観を描き出すために、絵師が編み出した構図であろうか。

そして、水石のすぐ上には、雲に囲まれた湯殿山がみられる。ただし、秘所ゆえに具体的な絵画表現は省略されている。松尾芭蕉が『奥の細道』ですでに記していたように、湯殿山は他言無用とされる聖域であったゆえの省略であろうか。

しかし、この絵図では、前述の装束場までしか描かれていないとも解釈できる。装束場はすなわち両造法論で対立した天台宗と真言宗のテリトリーの境界であり、この絵図は天台宗側のテリトリーしか絵画表現をしていないのである。真言宗側の景観描写をあえて避けたものと考えられる。

絵図の宗教景観

最後に、この絵図全体の構図について考えてみたい。この絵図には、きわめて明確な上下左右の対称的構造が存在する。

まず、右下に手向の門前町が描かれ、左下には仁王門を通りぬけた羽黒山内が描かれる。前述のように、手向は妻帯修験の居住空間であり、女性も住むことができた。いっぽうの山中は清僧修験の居住空間であり、女性が住むことはできなかった。ただし、参詣する女性は入ることが許されており、一時的に滞在できる空間であったといえよう。

そして、絵図の中央左手には、羽黒山頂のご本社が大きく描かれ、その反対側の中央右手には、荒沢の奥の院の空間が描かれている。女性が参詣できるご本社と女人禁制の奥の院の空間とが、左右対称に描かれているのである。

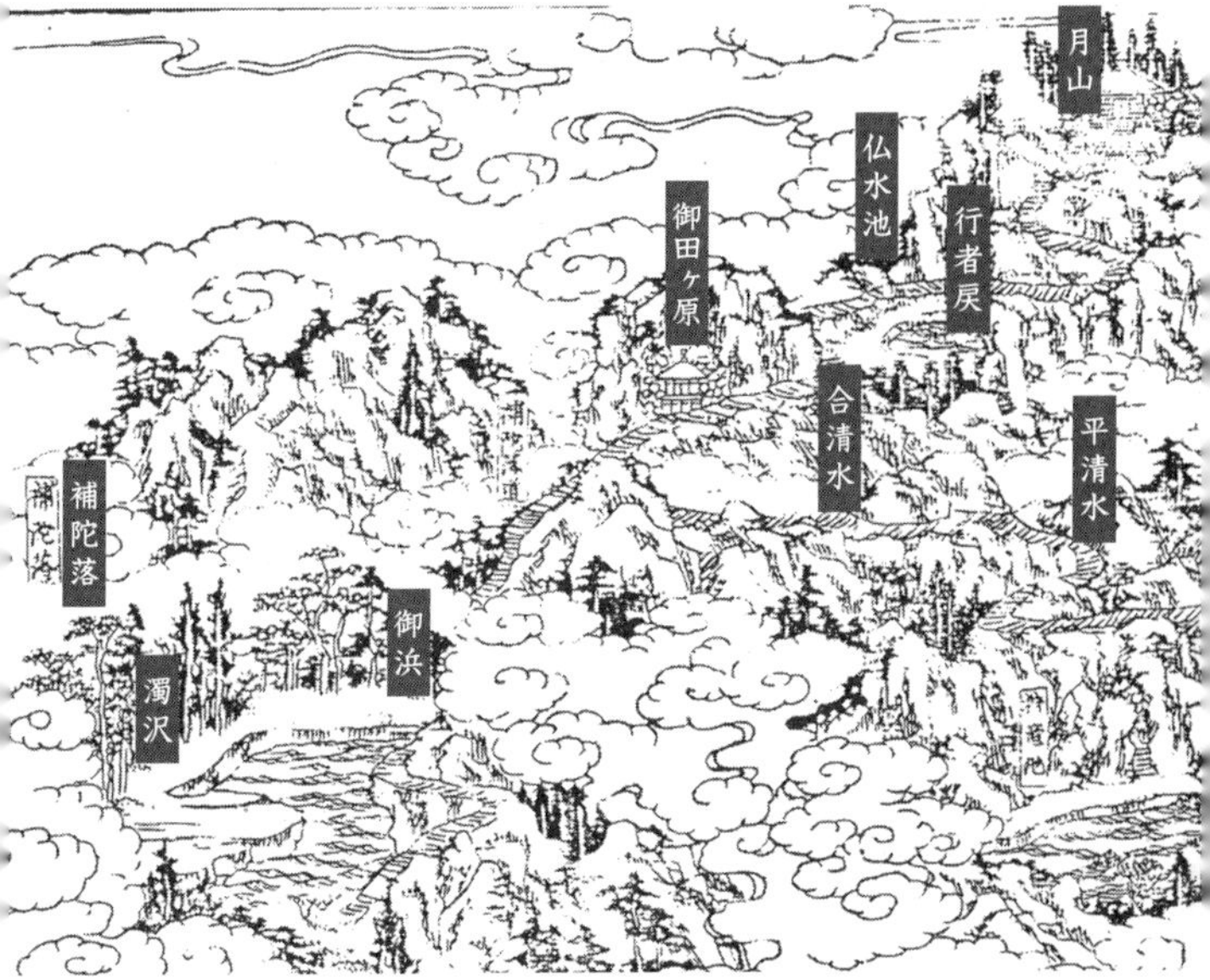

図 4-39　月山と補陀落(拡大)

　さらに、右上の湯殿山に対して、左上には補陀落(東補陀落)の岩塔が描かれている(図 4 - 39)。湯殿山は生まれ変わりの山とされ、そのご神体は女性の象徴にたとえられるのに対して、補陀落は男性の象徴にあたるといえ、ここでも左右対称の構造が隠されている。東補陀落は現在も秘所とされる。月山八合目から向かうルートがあるが、難路であり、秋の峰の直前に東補陀落へ至る登山道が整備されるために、その時期にしか歩くことができない。

　ところで、宗教学者のエリアーデは、塔や木や滝などの垂直にそびえるものを「宇宙樹」と呼び、天と地と地下をつなぐシンボルであると述べた。この絵図の左端には、上から補陀落の岩塔、そして羽黒山頂へ至る杉並木、五重塔、さらには天宥別当が造った人工の滝である「カンマンガ滝」(須賀の滝)が描かれる。これらの表現は、まさに宇宙樹として位置づけられるといってよかろう。

杉は樹木の中でも成長が早く、まっすぐに伸びる木であり、エリアーデの言う宇宙樹にふさわしい。日光を代表として、各地の霊山に杉並木が数多く存在するのは、このゆえであろう。

この絵図では、左下からジグザグに、羽黒山から月山を経て湯殿山へ向かうにつれ、宗教空間の聖性が高まる構図となっている。女性が居住できる手向から、仁王門をくぐると女性の居住は許されないが参詣は認められる空間へ、そして荒沢の奥の院は女人禁制で、月山の二合目からも女人禁制となり、祭祀権の境界である装束場から奥の湯殿山は秘所とされている。このような聖域の空間構造が、湯殿山を三山の奥の院と位置づける契機になったのかもしれない。

以上のように、この絵図には、羽黒修験の、いわば世界観を巧みに表現した構図が採用されている。現代の実測に依拠した地図に比べれば、不正確と評価されるかもしれない。しかしそのような進化論的解釈ではなく、出羽三山信仰の伝統的な宗教景観を知るうえでの大きな手がかりと考えるべきである。

第五章 湯殿山と即身仏

――「一世行人」の足跡をたずねて

十王峠から望む月山

即身仏とは

真言宗の開祖である弘法大師空海は、高野山の奥の院で即身成仏《そくしんじょうぶつ》を果たしたとされ、入定《にゅうじょう》後から現在に至るまで、奥の院の霊廟前に、修行を支えるために毎日二度の食事を捧げることが続けられている。即身成仏とは、修行を続けることで究極の悟りを開いて、肉身のままで仏になることを指す。湯殿山に残る即身仏《そくしんぶつ》は、この空海の即身成仏の教えを受け継ぐものであるともいわれる。

今日、日本各地には十数体の即身仏が残るとして、注目を集めている。松本昭によれば、現存する即身仏は、平泉の藤原氏四代のミイラを除くと、一六体である。そのうち、一三体が東北地方および新潟県に存在し、なかでも、庄内地方には六体の即身仏が残ることが知られている。

庄内地方の即身仏のうち最も古いのは鶴岡市東岩本の不動山本明寺の本明海上人《ほんみょうかいしょうにん》で、天和三年(一六八三)の入定と伝えられる。酒田市日吉《ひよし》町の海向寺《かいこうじ》には二体の即身仏があり、忠海上人《ちゅうかいしょうにん》は宝暦五年(一七五五)、円明海上人《えんみょうかいしょうにん》は文政五年(一八二二)の入定とされる。鶴岡市大網の湯殿山瀧水寺大日坊には真如海上人《しんにょかいしょうにん》の即身仏があり、天明三年(一七八三)の入定とされ、七五三掛の湯殿山注連寺には鉄門海上人《てつもんかいしょうにん》の即身仏があり、文政一二年(一八二九)の入定とされる。鶴岡市砂田町の修行山南岳寺《なんがくじ》には鉄竜海上人《てつりゅうかいしょうにん》の即身仏があり、明治一四年(一八八一)の入定とされる。

出羽三山における即身仏とは、湯殿山の仙人沢で「一世行人《いっせいぎょうにん》」と呼ばれる宗教者が、人々の苦しみや悩みを一身に受けとめる「代受苦《だいじゅく》」という考えのもと、木食行《もくじきぎょう》と呼ばれる厳しい穀断《こくだ》ちの修行を続けた後に、生きたまま入棺して念仏を唱えながら成仏したものをいう。一世行人が入る棺は地中に造られたことから、土中入定《どちゅうにゅうじょう》ともいわれる。三年三カ月を経た後に掘り出すと一世行人はミイラ化しており、その遺体が崇拝の対象とされた。

この即身仏はいまだ謎につつまれているが、本章では、その信仰の背景にあった一世行人という存在に焦点をあてて、考察したい。

近世に記録された即身仏

まず、近世において、湯殿山の即身仏は、道中日記にはあまり記されていないことが指摘できる。管見の限り、第二章で詳しく紹介した出羽国泉村鈴木清三郎義満の「最上庄内越後道中記」で、注連寺の鉄門海上人を拝んだ記録がみられるのみである。

そのいっぽうで、当時よく知られていた即身仏があった。それは越後国寺泊《てらどまり》の弘智《こうち》法印《ほういん》の即身仏であり（新潟県長岡市寺泊野積《のづみ》の西生寺《さいしょうじ》に現存）、日本海側を旅した伊勢参りや三山参りの参詣者の多くが拝観に立ち寄って、道中日記に記している。

たとえば、前述の曽良の「随行日記」には、「〔七月〕四日　快晴。……弥彦《やひこ》ヲ立。弘智法印像為拝。……最正寺ト云所ヲノズミト云浜へ出テ」と記されており、庄内から越後国へ入り、北陸へ向かう途上で拝観している。

江戸時代の旅行家として、『菅江真澄遊覧記』と総称される信越・東北から蝦夷地にかけての膨大な紀行文を残したことでも有名な菅江真澄《すがえますみ》（一七五四―一八二九）は、この弘智法印の即身仏と湯殿山麓の本明寺の即身仏とを比較して、以下のように記している。

「七日町《なぬかまち》やどつきたり……あるじのもの語を聞ば、この里の開口寺、又岩本といふ村のみてら、此ふたところに、越後の国野積の山寺にて、「墨絵にかきし松風の音」とよみ給ひてけるにひとしき、いきぼさち〔生菩薩〕もおましませりと聞えたり。こはみな、木の葉、草の実をくひものとしてをはりをとりて、なきがらのみ世にとどめたる也けり。しかはあれど、弘智大とこには、をよばざりき」（『菅江真澄遊覧記　齶田濃假寝《あきたのかりね》』）。

このように、菅江真澄は鶴岡城下の七日町の宿で主人から当地の即身仏について伝聞したのであり、実際には拝観していなかったと思われる。即身仏ではなく、「生菩薩」という表現が使われていたことは興味深い。

この弘智法印については、橘崑崙《たちばなこんろん》が文化九年(一八一二)に江戸で刊行した『北越奇談《ほくえつきだん》』の中で、「即身仏、三島郡野積浜最上寺、弘智法印の肉骨也。又津川駅玉泉寺淳海上人、是も入寂《にゅうじゃく》の相今に不朽厳然たり」と記している。ここでは、すでに「即身仏」という表現が使われている。第一章で紹介した長久保赤水の『東奥紀行』においても、「即身仏、すなわち弘智法印枯尸なり」と記されている。

さらに、鈴木牧之《すずきぼくし》(一七七〇—一八四二)の『北越雪譜《ほくえつせっぷ》』二編巻之四(天保一二年(一八四一))において、「弘智法印は児玉氏、下総国山桑村の人なり。高野山にありて密教を学び、後《のち》生国に皈《かえ》り大浦の蓮華寺に住し、行脚して越後に来り、三嶋郡野積村海雲山西生寺の東、岩坂といふ所に錫をとどめて草庵をむすびしに、貞治二年(一三六三)癸卯十月二日此庵に寂せり。……遺言なりとて死骸を不埋。今天保九をさる事四百七十七年にいたりて枯骸生るが如し」と記されている。これらの記載からも、弘智法印が日本最古の即身仏で、近世を通じてより著名であったことが知られる。

表4　庄内地方の行人碑

番号	年　号	行人名	番号	年　号	行人名
1	寛政 9 年(1797)	鉄門海	35	安政 5 年(1858)	輪　海
2	文化 13 年(1816)	〃	36	文久 2 年(1862)	鉄竜海
3	文化 13 年(1816)	〃	37	元治 元 年(1864)	〃
4	文化 14 年(1817)	〃	38	慶応 元 年(1865)	〃
5	文化 14 年(1817)	〃	39	明治 元 年(1868)	仏　海
6	文政 元 年(1818)	〃	40	明治 元 年(1868)	〃
7	文政 元 年(1818)	〃	41	明治 3 年(1870)	鉄竜海
8	文政 元 年(1818)	覚水海	42	明治 4 年(1871)	仏　海
9	文政 2 年(1819)	鉄門海	43	明治 5 年(1872)	覚水海
10	文政 2 年(1819)	〃	44	明治 5 年(1872)	強良海
11	文政 2 年(1819)	〃	45	明治 5 年(1872)	峯　海
12	文政 2 年(1819)	〃	46	明治 5 年(1872)	蓮　海
13	文政 2 年(1819)	〃	47	明治 6 年(1873)	仏　海
14	文政 2 年(1819)	〃	48	明治 7 年(1874)	鉄竜・強良
15	文政 3 年(1820)	〃	49	大正 3 年(1914)	鉄門海
16	文政 3 年(1820)	〃	50	?	〃
17	文政 3 年(1820)	〃	51	?	〃
18	文政 5 年(1822)	〃	52	?	〃
19	文政 5 年(1822)	〃	53	?	〃
20	文政 9 年(1826)	〃	54	?	〃
21	文政 9 年(1826)	蓮　海	55	?	〃
22	文政 10 年(1827)	〃	56	?	蓮　海
23	文政 ? 年(?)	鉄門海	57	?	〃
24	文政 ? 年(?)	〃	58	?	〃
25	文政 12 年(1829)	〃	59	?	鉄竜海
26	天保 2 年(1831)	心　海	60	?	〃
27	天保 4 年(1833)	清海?	61	?	清　運
28	天保 7 年(1836)	蓮　海	62	?	清　明
29	天保 11 年(1840)	意信海	63	?	憐　海
30	嘉永 2 年(1849)	蓮　海	64	?	秀　海
31	嘉永 3 年(1850)	剛　海	65	?	?
32	嘉永 4 年(1851)	〃	66	?	?
33	嘉永 4 年(1851)	〃	67	?	鉄門海
34	嘉永 6 年(1853)	清　海	68	?	〃

筆者はかつて、庄内地方に残る一世行人の名前を刻んだ石碑の建立年を調べてみたことがあるが、実際には、生前に建立された石碑のほうがはるかに多いことが明らかになった。たとえば、文政一二年(一八二九)に入定した鉄門海上人の場合、彼の名を刻んだ石碑が庄内地方に三一基あるのだが、建立年の判明する二一基のうち最も早いものは寛政九年(一七九七)で、没後に建立されたものは、大正三年(一九一四)のただ一基である(表4)。

また、筆者が岩手県二戸《にのへ》市九戸城址で見出した湯殿山碑にも、鉄門海の名が刻まれており、文化九年(一八一二)の建立であった(図5-1)。すなわち、近代以前において信者の崇敬をより集めていたのは、宗教活動を展開していた生身の宗教者としての一世行人であったといえよう。

図5-1　九戸城址の湯殿山碑

神仏分離と即身仏

では、なぜ近代以降に、湯殿山の即身仏がより広く知られ崇拝されるようになったのであろうか。そのひとつの理由として、明治の神仏分離の影響が考えられる。

前述のように、七五三掛注連寺と大網大日

坊は、近世には八方七口の別当寺として、湯殿山の祭祀権を有していた。それが、神仏分離によって出羽三山の神道化が進んだ明治以後も仏教寺院として残る道を歩んだために、湯殿山の祭祀権を失うことになった。信仰の中心を喪失したことによって、即身仏があらたにより広く信仰の対象になっていったという面もあるのではなかろうか。

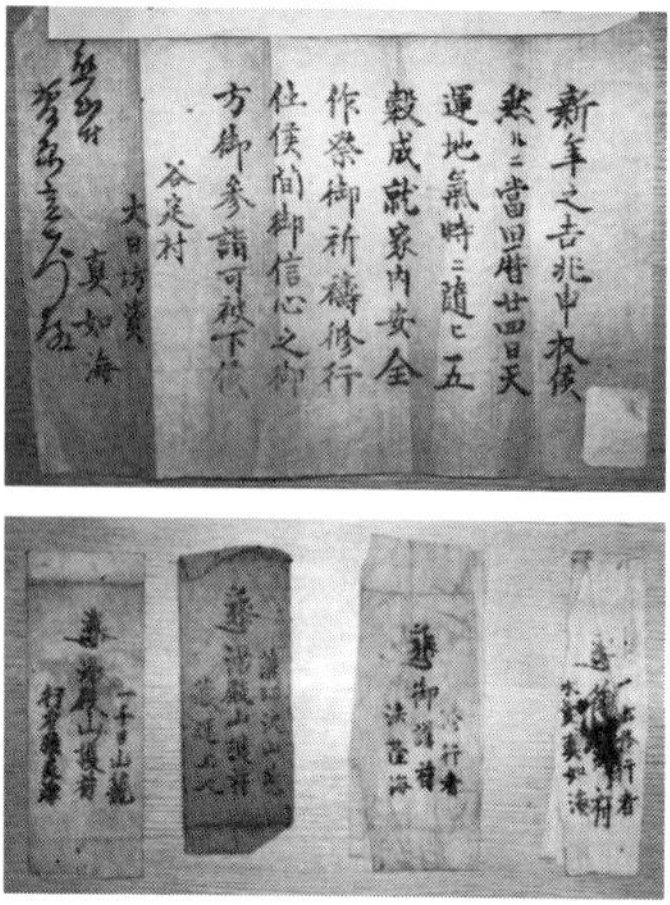

図5-2　真如海上人の祈禱修行案内状と護符(熊出菅原家文書)

実際に、明治になってから、真如海上人の名前を記した史料があらわれてくる。ひとつは明治一〇年代とされる真如海上人名義の祈禱修行案内状で、もうひとつは護符である(図5-2)。護符は江戸期のものとされているが、同じく伝来する別の護符に記されている強良海という一世行人の名前が明治五年と七年の石碑にみえることから、むしろ明治以降のものと推測され、両者はほぼ同時代の史料とみてよかろう。護符や祈禱修行案内状を配ることで、信者への浸透を図ったものと考えられる。

佐藤弘夫は、即身仏信仰が現世利益であることを強調し、即身仏はそれ自体の聖性は有していても、その背後に彼岸世界をもたないものに変化してしまっている、と指摘する。それは、中世的な浄土信仰の拠点から近世的な現世利益の祈禱寺へという、本質レベルでの霊場の性格の変容であるとする。

しかしながら、近世の出羽三山の八方七口の別当寺が、先祖供養の役割を有していたことは疑いなく、近世の道中日記に即身仏についての記録が少ないことからみれば、その変容はむしろ明治以降のことではなかろうか。

小説『月山』に描かれた即身仏

高度経済成長期以前は、雪に閉ざされる冬場に注連寺や大日坊へ参詣に来る信者はほとんどなく、即身仏の出開帳がおこなわれていた。すでに前章でお竹大日如来に関連して紹介したように、出開帳とは、本尊の仏像などを他所の寺院などへ移動させて、拝観させる行為である。そのあたりの状況をうかがい知ることができるのが、小説家森敦《もりあつし》(一九一二―一九八九)の代表作『月山』である。

森敦は、昭和九年(一九三四)に横光利一《よこみつりいち》の推薦で『酩酊船《よいどれぶね》』を発表し、デビューを果たすが、その後、生涯の過半を漂泊のうちに過ごした稀有な作家である。戦後まもなく、妻の実家のある山形県酒田市に移り住み、以後、庄内地方を転々とするが、一九五一年夏から翌春まで、注連寺に滞在した。その折の体験をもとにしたのが、昭和四八年下半期に芥川賞を受賞した『月山』である。六二歳での受賞は当時の最高齢記録であった。森には他にも、『鳥海山』や晩年の大作『われ逝くもののごとく』など、庄内の山岳信仰を取り入れた作品群がある。『月山』の中では、出開帳された鉄門海上人の即身仏が行方不明になったために、行き倒れた遭難者を替え玉に即身仏に仕立てたという記述がみられる。しかし、一九六〇年におこなわれた新潟大学医学部の科学的調査によって、鉄門海が残した手形と即身仏の指紋とが一致していたことから、小説の記述は、あくまで創作上のフィクションであることが知られる。

そして、この新潟大学の科学的調査が、毎日新聞の後援によって大きく報道されたこともまた、湯殿山の即身仏が広く世間に知られるようになった契機といえる。さらに、民放テレビの紀行番組でも紹介され、小説や新聞やテレビといった、現代的媒体を通した波及効果によって、その知名度は飛躍的に高まっていった。

ただ、新潟大学医学部を中心とする研究グループの報告書『日本ミイラの研究』を読むと、科学的調査の結果としては、さきに述べたような土中入定を遂げたと確実にいうのは難しいことも理解できる。考古学的にも、即身仏となることを目指した宗教者が眠るとの伝承がある場所が発掘された例はあるが、土中入定が確認された例は今のところないようである。こうした埋葬地は入定塚《にゅうじょうづか》と呼ばれるが、東日本各地に相当数の事例が存在するとみられ、今後の発掘成果が期待される。

実は、鉄門海上人の場合は、注連寺の住職もつとめた清海による詳細な手記が残されている。それによれば、土中入定を遂げる前に海向寺で病死したために、信者たちの手によってご遺体に加工がおこなわれたという。

前述の報告書で、宗教学者の堀一郎は、湯殿山系の即身仏を、いずれも土中入定といった自発的意思的な結果として、大願成就したものである点に特徴があると指摘し、これが通説として継承されていった。対して、この説を批判したのは五来重であった。彼は、「私は入定ということを山伏独特の石子詰葬法とかんがえており、これは空気が流通しやすいので、まれにミイラができることもありえたとおもう」と述べつつも、いっぽうで近世の修験道の衰退を指摘する。見解は大きく分かれており、いっそうの議論が求められよう。

宗教者としての一世行人

では、一世行人たちが実際に果たした宗教的役割とは、何だったのだろうか。近年、東北各地から蝦夷地にまで及ぶ鉄門海上人の足跡をていねいに追い求めた山澤学の研究成果が蓄積されている。それによれば、やはり鉄門海の宗教者としてのきわめて優れた能力こそが、新たな信者を獲得し、出羽三山信仰を広めたということが明らかである。

山澤は、伝承として語られてきた鉄門海上人ではなく、宗教者としての実像を史料から解明した。具体的には、越後国岩船郡《いわふね》(現新潟県村上市)での布教活動に注目し、地域社会における新興勢力をまとめて、郡単位の信仰組織を編成したことや、酒田の海向寺を中興して、当地の出羽三山信仰の存立基盤を固めたことなどを実証した。

また、鉄門海上人は鶴岡城下と加茂港とを結ぶ加茂坂を開くなどの社会活動もおこなっている。庄内浜南部の漁村では、つい最近まで「テツモンカイ」と呼ばれるタコ釣りの擬似針が使われており、これも鉄門海上人の発明と伝えられる。

一世行人は、八方七口の宗教集落にもとから居住していたのではなく、他所から流れ着いて寺院に弟子入りした者であり、宗教者のなかでも最下層とされた。「一世」とは、跡を継ぐ者はなく、一代限りであることを意味するものであろう。

即身仏になった一世行人にはしばしば、武士を殺したために、寺院へ逃げ込んだという伝説が残されている。確かに、前述の三浦命助のように、一揆の首謀者として罪に問われ、村を脱出して他所で里山伏になった例はあるのだが、朱印地を持たない湯殿山系の寺院が、アジールとしての役割を有していた可能性は少ないといえ、それらはあくまでも伝承にすぎない。いずれにしても、息子に跡を継がせることのできる妻帯修験に比べると、明らかに不安定な身分であったといえよう。

その代わり、信者が参詣に訪れる季節には宿坊の営みで多忙な妻帯修験とは異なり、一世行人の場合は、季節や時間に拘束されることなく、宗教活動にいそしむことができたのではなかろうか。鉄門海の場合は、上述のようにかなり広大な地域に布教の足跡を残しているし、仙人沢での千日・二千日山籠といった長期間の修行も、一世行人であるからこそ、実現可能であった。

韓国の宗教者として知られるムーダン（巫女）の場合も、世襲のムーダンは神がかりのトランス状態になることはないといわれる。シャーマンとしてトランス状態になり、神をおろすのは、ムーダンの家系ではない、修行を重ねた者であるという。修験道の場合も、これと同じく世襲の修験者と一世行人の間には、役割分担があったのではなかろうか。

また、近世の羽黒山では、巫女（神子）の免許状が出されていた。とりわけ、東北地方の修験者は、巫女と夫婦もしくはペアで宗教的行為をおこない、男性は神をおろす契機となる作法をおこない、女性が神がかりになったという。このあたりは、男性が太鼓や笛を吹いたりする韓国のムーダンの例と共通するものがある。

千日回峰行と湯殿山千日山籠

難行として有名な比叡山の千日回峰行《せんにちかいほうぎょう》は、七年間をかけて、計一〇〇〇日間の修行を継続するというものである。比叡山を降りて、京都の町なかを歩き回り、再び山中へ戻るという歩行距離のきわめて長い荒行であり、しかも歩行距離は年を追うにつれて一層長くなる。回峰行者もまた、比叡山中の無動寺《むどうじ》谷を拠点に活動する、天台宗に属する修験者である。彼らが夏安居《げあんご》の場とするのが、葛川明王院《かつらがわみょうおういん》(滋賀県大津市)である。

葛川明王院には、中世の絵図が残されており、回峰行者の聖域へ侵入して炭窯をつくった周辺住民を告発する絵画表現となっている。その聖域空間について、現地調査によって解き明かしたのが、葛川絵図研究会の成果であった。

この比叡山の千日回峰行に対して、湯殿山には千日山籠《せんにちさんろう》という修行があったという。比叡山の回峰行と同じく、七年間をかけて計一〇〇〇日間の修行をおこなうのか、あるいは、一〇〇〇日の間ずっと仙人沢に籠もるのかが不明であった。だが、鉄門海上人に関わる史料を読んだところ、記されていた年次から、一〇〇〇日間も連続して籠もる修行を積んでいたことが判明した。

そうであるなら、極寒の時季も籠もり行を続けねばならないのだが、修行の地の仙人沢が温泉の湧き出す湯殿山の下流であったゆえに、実現できたのであろうか。高温の温泉で暖をとって、寒さをしのぐことができたわけである。

さらに、地元の信者たちは今でも、極寒期に寒参りと称して、湯殿山に参詣するという。この行動もかつては、山籠する一世行人をサポートする役割を兼ね備えていたのではなかろうか。そして、その山籠修行こそが、彼らに超人的な宗教者としての能力を体得させたとみるべきである。

それを裏付ける史料として、西海賢二《にしがいけんじ》が示した元治二年(一八六五)の「湯殿山道中覚帳」をあげることができる。この日記は、会津大橋村(現福島県南会津郡南会津町大橋)の同行八人が、厳寒期の二月一七日から三月二日にかけて湯殿山に参詣した記録である。そのなかに「一 弐拾五文 二千日行者 御礼」という記載がみられ、湯殿山で山籠する行者に施しをおこなっていたことが明らかである。

戸川安章も、滝野村(現山形県西置賜郡白鷹町《しらたか》)の安達善蔵による慶応二年(一八六六)の「湯殿山参詣録」を取り上げ、善蔵たちの一行七人が三月一一日に明楽院栄源の先達で、雪踏みを四人雇って六十里越街道を二尺余の雪をかきわけ、湯殿山に参詣したことを紹介している（『修験道と民俗宗教』）。これらの事例から、近世末期には、比較的近在の信者たちが、湯殿山に山籠する一世行人をサポートする体制が存在したことを知ることができる。

以上で述べたように、筆者としては、即身仏信仰の源流には一世行人たちの高い宗教性があったという点を、強調したい。二一世紀の今、歴史学・宗教学・民俗学などのさまざまな視点から議論されるべきであろう。

第六章 山岳信仰と食文化

月山筍

一世行人が五穀断ち、十穀断ちをして、山野に自生する植物のみを口にする修行をしたように、山岳信仰においては、独自の食文化が発達していた。ところが、明治の神仏分離によって修験道が廃止された影響から、肉食・魚食などの禁忌がこの時期に消滅した場合が多く、近世の、いわゆる精進料理を主体とする食文化が大きく変貌したことはたしかであろう。

しかも、近世の修験道の霊山で提供された食事に関する調査研究は、多いとはいえない。道中日記に記された各地の献立を比較検討したり、霊山に残されている食に関わる史料の調査をおこなうことで、近世の山岳信仰の食文化の全容を明らかにすることが課題となってくる。

以下では、従来の調査研究をふまえて、出羽三山に残る豊かな食文化を紹介しよう。

古代・中世の修験者の食文化

修験者の食物について、史料に現れる事例を詳細に検討した村山修一によれば、役小角については『日本霊異記《にほんりょういき》』(九世紀)に、松を食物として清水に浴し、非常な験術を得たとの記述があるという。同書には、実際に松葉を食べて仙人となることを志した住職の笑い話もあるという。

また、平安・鎌倉期の諸伝承・縁起類を集めた『園城寺伝記《おんじょうじでんき》』(一四世紀)にも、行者の食事として松葉と粥があげられ、『梁塵秘抄《りょうじんひしょう》』(一二世紀)には、聖《ひじり》の好むものとして、松茸、平茸、滑《なめ》薄《すすき》、蓮根、根芹、ジュンサイ、牛蒡、河骨《こうほね》、独活《うど》、蕨、土筆《つくし》があげられ、山伏の好むものとして、山の芋、山葵、粿米《かしよね》、水雫(みずな?)、根芹と記されている。『本朝法華験記《ほんちょうほっけげんき》』(一一世紀)には、修行僧に、猿などの鳥獣が山の果物をいろいろ持ってきてくれるという記載があるという。

出羽三山の食文化

羽黒修験の食文化については、『聞き書 山形の食事』に詳しく記されているので、主として同書に依拠しながら紹介したい。

第三章で述べたように、羽黒修験にとって秋の峰はメインとなる修行であったが、そこでの食事は一汁一菜の簡素なもので、一日二食である。汁は具の入らない味噌汁で、具がないために鏡のように汁に顔が映るので、「鏡汁」と呼ばれる。それに大根漬けが四切れほどつく。山野を歩く場合は、塩のほか、ソバの炒り粉を持参する。水に浸せば餅状になるので、よく水辺

図 6-1　手向の宿坊の精進料理(例)．月山筍の味噌汁，ごま豆腐，だだちゃ豆，赤かぶの酢漬けなど，地元の食材が並ぶ

で食べる。山野草では、ゆでて色が青いものは食べられるという。

戸川安章によれば、秋の峰の中日には、修行者の家族や友人が見舞いに来て食べ物を奉納してゆくので、この日以降の食事は質・量ともに豊かになる。なかでも最高のご馳走は、小豆とかぼちゃを味噌で煮た、モズクないしモンゾクと呼ばれる料理であるという（『修験道と民俗宗教』）。

手向の宿坊の精進料理でよく登場するのは、豆腐と月山筍《がっさんだけ》である。豆腐料理には、藁ごと巻いて苞《つと》にした「つと豆腐」があり、釜でゆで、切って辛子醤油などをつけて食べる。「湊揚げ」は、すった豆腐を海苔の上にのばし、これを揚げたもので、しょうがやごまだれなどをつけて食べる。精進料理としてポピュラーなごま豆腐は、よくすったごまにくず粉を入れ、火にかけてよく練り、豆腐風に仕上げたものである。また、宿坊の夕食では、日本酒は飲み放題であり、変わった形の酒盃も提供される。

月山筍の採取については、渡辺幸任による綿密な聞き取り調査の成果が公刊されている。手向と旧藤島町（現鶴岡市）堀越《ほりこし》の人々が水利権の関係で、月山山中の月山筍を採取する権利を有しており、少なくとも昭和初期から、それぞれが簡単な山小屋を持っていた。月山への登山道路が延びるにしたがい、商業的採取が増加していったという。

また、旧朝日村（現鶴岡市）の田麦俣と大網の人々も、湯殿山の筍山で月山筍を採取した。旧立川《たちかわ》町（現庄内町）立谷沢の人々もまた、月山の東側から尾根を越えて、月山筍の採取に来るといい、現在も立谷沢の人々が採取の中心を担っているという。

図 6-2　岩根沢の六浄とうふ

月山筍のほとんどは手向の宿坊で参詣者の食事に提供される。旧羽黒町（現鶴岡市）では栽培化に成功し、自生する月山筍は雪解けの進む六月から七月半ばにかけて採取されるが、栽培化したものはそれより早く出荷できるために高値が付くという。

この月山筍は、植物名はチシマザサであり、「根曲がり竹」とも呼ばれる。長野県の旧戸隠村（現長野市）では、この根曲がり竹を材料に古くから竹細工業が盛んであり、材料の確保のために食用として採取することは固く禁じられてきた。同じ山中に生育す

図6-3　月山の山小屋の食事(いでは文化記念館展示)

る植物であっても、利用法は大きく異なっていたのである。

また、宿坊の食事のうち他に特徴的なものとして、八方七口のひとつ岩根沢に伝わる「六浄豆腐《ろくじょうとうふ》」があげられる(図6-2)。京都六条の行者が伝えたとか、六根清浄《ろっこんしょうじょう》に由来するなどの説がある。八十八夜の頃に固めの豆腐を七分(約二センチ)ほどの厚さに切り、塩を塗って乾燥させ、固める。調理のときはけずり節のように薄くけずって熱湯をかけ、汁ものやあえものに使う。腐らないので、古くから三山参りの際に携行し、即席の吸い物をつくって食べたという。

月山の各合目ごとに存在した山小屋でも、参詣者へのさまざまな食事が提供された。いでは文化記念館には、そうした山小屋における食事の展示がなされている。半合目(傘骨《からかさぼね》)ではところてん・素麺、二合目(大満《だいまん》)では団扇餅、三合目(神子石《みこいし》)では力餅(あんもち)、四合目(強清水《こわしみず》)ではそうめん、五合目(狩籠《かりごめ》)では赤飯、六合目(平清水《ひらしみず》)では力餅、七合目(合清水《ごうしみず》)ではそうめん・力餅、八合目(御田ヶ原《みたがはら》)ではおはぎ、九合目(仏水池《ぶすいけ》)では赤飯・豆腐汁、一〇合目(頂上および鍛冶屋敷)ではあべ川餅をふるまっていたという(図6－3)。

修験者が活力源として食べたものに、行者にんにくがある。若葉や茎をおひたしや煮物、てんぷらにして食べるという。岳海苔《たけのり》と呼ばれる地衣類もあり、ブナの木に着生する。米のとぎ汁でゆでて、苦味を洗い流してから食べるといい、出羽三山では珍味としてよく使われる。

最高のふるまい、大笈酒

江戸時代の食文化については、同じく『聞き書 山形の食事』によれば、享保一九年(一七三四)の古文書「本坊年中賄調」に記録が残っている。やはり多くの山の幸を利用しており、月山筍を主とする山菜類が多く、きのこ類や木の実もよく使われている。正月に納豆汁、小正月に餅入りの小豆粥、夏場にはみょうがが、古くから用いられていたという。

羽黒修験の伝統的な食文化のなかで、最大のご馳走というべきものが、冬の峰の際の大笈酒《おおおいざけ》である。大笈酒の食材のうち、たとえば山菜やきのこ類のなかには、三年もかけて山中を捜しまわらねばならないような特別なものも含まれていた。

大笈酒とは、松聖《まつひじり》が客人を迎えて接待する大盤ぶるまいで、古くは旧暦一一月に披露されていた。費用は松聖の自費でまかない、あまりにも豪華すぎるので、元禄二年(一六八九)に別当

図 6-4　大笈酒

より自粛するよう達しがあったとされる。近年では、一九八五年の丑年ご縁年に大笈酒が復原され、ふるまわれた。

その調理や接待には男性のみがあたり、献立は前段・中段・後段と分かれ、さらに前段には本膳・二の膳・三の膳があり、すべてを並べると畳一畳半にも及ぶ。食材は一二三種で、盛り付け、飾りもの類は二五品に達する。卵は使えないために、茶碗蒸しにはよく水を切った固い豆腐が使われ、かまぼこには魚肉の代わりに自然薯《じねんじょ》が使われた。すべてをその場で食することは不可能であり、送り膳として客人の自宅に届けるものもあったという。

個々の料理には、出羽三山の四季の景観にちなんだ名前が付されている。たとえば、前段の本膳の御皿、ほうづきのけん(ほおずきの実)・千切り大根・くず切り(赤)・青菜・昆布・のり・にらぶさ(しいたけ)の三杯酢あえは「羽黒山の紅葉」。二の膳の御壺、玉子まんじゅう(豆腐を玉子のように丸くしたもの)・百合根《ゆりね》のあんかけは「湯殿山のおぼろ月」、御猪口の岳海苔・さざれ麩の酢味噌あえは「月山の焼山」。三の膳のぎんなんなどの御小串は「八乙女の鈴」。中段の吸物膳の御吸物は「語られぬ山」、すり豆腐の御焼肴は「由良の湊揚げ」、まんじゅう揚・いかだ揚(ごぼう)・人参揚・餅揚・白かわ揚(ながいも)の御揚物は「東補陀落の岩壁」といったぐあいである。

戸川安章によれば、大笈酒という名の通り、松聖の夕食には酒がつく。修験者は酒を売ることは認められないが、少量の飲酒は許されており、薬湯あるいは般若湯と称して飲んだ。これを笈酒と称し、酔って神楽歌を歌い舞うことを「延年」といい、これが発展して寺社の芸能になったとする。行が終わった翌朝の精進おろしの笈酒の膳には、鯛と鮭の切り身をつけたとされ、肉食が完全に禁止されていたわけではないことが知られる。

宮本常一《みやもとつねいち》は、第一章にもふれた野田泉光院の廻国日記『日本九峰修行日記《にほんきゅうほうしゅぎょうにっき》』から、羽黒山の宿坊の食事がたいへんなご馳走であったことを指摘している。以下に紹介しよう。

羽黒、湯殿、月山三山駆先達案内賃山役迄一人前六百五十文也と云ふ。外に山上にて諸々入用《いりよう》定りあり。一人前〆て銭一貫文宛入用なりと云ふ。……昼過より別当所薬王寺と云ふに駆入る。……本坊北向、寺広し。参詣の者は国々宿坊あり、夫より登る。宿坊なき者は当寺より上る。夕飯一汁五菜、夜に入り護摩修行あり参詣の者仏前に詰むる、護摩相済み十念祓懺悔の文授け等済み夜食出る、あん餅也。多く食ひたり。……朝飯夕べに同じ。

参詣者は、「山役銭《やまやくせん》」と称する三山参詣の諸費用を登拝口で支払うのであるが、上記のように参詣の全行程の経費のうちでかなりの部分を占める高額であった。それには、宿坊でのご馳走の経費も含まれていたわけであろう。

また、羽黒山本坊における儀礼食には、正月料理や前述の大笈酒に煮魚と焼魚が含まれており、これは例外的といえようが、さきに述べた例からも魚食が完全な禁忌ではなかったことを示している。大川廣海《おおかわひろみ》は羽黒山での魚食に関して、魚はすべて塩引き、塩物であり、これは保存などの実用よりも、生ものを塩で清めるという信仰からきたものと指摘した。ただし、文政四年(一八二一)の「出羽国羽黒山掟」には「仁王門の内え魚鳥一円入れる可からざる事」とあり、いっぽうで厳格な戒律が存在したことが知られる。

近代の富士吉田の宿坊でも、海の魚の刺身や鯉の洗いが提供されていた。また動物の肉を出してはいけないとされたが、鶏肉はよいとする宿坊もあり、いっぽうで厳しい講社は魚類も食べなかったという。相模大山《おおやま》の宿坊でも、明治期になると、精進料理への魚料理の導入をうかがうことができる。さらに、昭和一〇年代に入ると、戦時体制下において精進料理も簡素化され、儀礼食の色彩が薄れたことが指摘できる。

修験者と売薬

越中富山の薬売りは古くから知られているが、立山信仰との関わりが指摘されている。売薬には、いわゆる縄張りが存在するのだが、この地域割りが、立山信仰の宿坊の檀那場と重なるといわれる。

医療の未発達であった前近代においては、修験者が加持祈禱などによって病気を祓うことが多くみられた。しかも、宗教行為のみならず、修験者が信者に対して薬を施す場合もあった。

近世には本草学《ほんぞうがく》という学問分野があり、山中の薬草を採取して活用することが盛んにおこなわれた。本草学者による採薬記も数多く残されている。たとえば会津若松の城下町の一角には、薬草を栽培する御薬園《おやくえん》があり、大名家の山水庭園として公開されている。

たとえば、高山植物のコマクサは、現在では自然保護のために採取が禁じられているが、胃腸薬として用いられた。木曽御岳の山麓では、薬草を原料に百草丸《ひゃくそうがん》と呼ばれる胃腸薬が製造販売されており、木曽路の宿場町でお土産として盛んに販売されている。同じく大峰山麓の洞川《どろがわ》でも、陀羅尼助《だらにすけ》と呼ばれる伝統的な生薬が製造販売されていて、やはり参詣者のお土産としてたいへん人気を集めている。ただ、残念ながら、出羽三山においては、薬草の採取に関する記録はあまりみられないようであり、戸川安章が、当帰《とうき》という薬草に他の薬草をまぜて、羽黒山の三の坂上や装束場の薬湯小屋で飲ませたと記す程度にすぎない。

森の恵みと食文化

日本各地における山岳信仰の食文化は、東北の出羽三山と九州の英彦山の間でさえ、山菜や豆腐の活用など、かなりの共通点がみられる。おそらくは、中世から近世に各地の霊山を遍歴した修験者たちが、共通する食文化の形成に寄与したのではなかろうか。

山菜・芋・きのこ・木の実・豆腐・麺類・餅といった、山野で採取した食材や保存食を巧みに活用した食文化が、各地の霊山に存在した。そして、その食文化は、とりわけ儀礼食として提供された。宿坊に到着した後には夕食として本膳や夜食がふるまわれ、また登拝後の下山途中にはサカムカエと称する食事も提供された。さらに宿坊に戻ると、再び夕食として本膳が出され、朝立ちの食事まで、ご馳走づくしであった。

修験者たちも同様に、季節の節目の儀礼としての食事を味わっており、その内容は参詣者の食事とかなり共通していたことが、史料から知られる。羽黒山の納豆汁や九州のミカンなど、地域特有の献立もみられるが、むしろ豊かな森の恵みを生かした共通性を重視すべきであろう。

その食文化は、ナラ林文化もしくはブナ帯文化に通じるものがある。これらの文化は、日本の山村において伝統的に継承されてきたものであり、平地の水田稲作農村の文化とは異なり、古い時代からの狩猟採集に依拠した生活文化を残しているとされる。このような落葉広葉樹林帯に展開する伝統的な食文化の一環として、山岳信仰の食文化を理解することが可能であろう。

おわりに――これからの出羽三山

第一章で述べたように、現代の出羽三山は、信仰の山として広く東日本一円の信者から支えられてきたかつてのかたちが、変化しはじめている。そのような中で、新たな来訪者を掘り起こすべく、さまざまな試みもおこなわれている。

この数年、日本を訪れる外国人観光客が急増しているが、いわゆるインバウンド観光の面では、東日本大震災の影響もあって、東北地方は出遅れている実情にある。そこで、出羽三山では、二〇一六年春の「日本遺産」認定を受けて、英語の案内板や、英語のみならず韓国語や中国語（簡体字および繁体字）など多言語によるパンフレットやウェブサイトの整備が進められている。

羽黒山では、随神門の脇にある天地金《てんちこん》神社が門前之宮として、祈禱を受け付けるようになり、社務所裏にある「出羽の里門前庭園」も無料で見学できるように開放されている。五重塔の夜間ライトアップや、いでは文化記念館で着替えての「白装束で歩く羽黒山杉並木」というイベントが企画されており、石段を山頂まで登りきると、踏破認定証が無料で進呈される。同館では、「山伏修行体験塾」や外国人向けの短期間の修行体験など、長期間の峰入りには参加できない人々を対象とした活動も続けられてきた。

また山頂のご本社では、第四章に述べた古来のしきたりを復原した「鏡池特別池中納鏡」も体験できるなど、多様な行事がおこなわれている。ことし二〇一七年夏には山頂に、廃仏毀釈を免れた仏像約二五〇体を安置する羽黒山千佛堂が完成したことも意義深い。山頂へ至る羽黒山有料道路料金所までの県道の急傾斜と急カーブを解消するためのバイパス整備事業も着々と進められている。このバイパスが開通すれば、冬季のスリップ事故や、松例祭や初詣時期の渋滞軽減が期待される。

手向の宿坊集落も様変わりしつつあり、霞場・檀那場といわれる布教地域とのつながりをどう維持・発展させてゆくのかという課題もある。しかしいっぽうで、神道側・仏教側双方の秋の峰の参加希望者は増加の一途をたどっており、若者の姿も多くみられる。手向の宿坊の中には、新たに独自の山伏修行をおこなう動きも出てきている。

月山を取り巻く自治体が連合し、「新八方十口」と称する新たな登拝口の整備もおこなわれ、庄内町の立谷沢口、西川町の玄海口、戸沢村の角川《つのかわ》口が加わった観光キャンペーンを展開している。

月山山頂は庄内町に属することから、北東側の立谷沢から、御浜、東補陀落を経て月山山頂へ至る登拝道の整備が期待される。この道は古くから存在していたようで、文政四年(一八二一)頃に幕府が作成した街道絵図である「諸街折絵図」には、立谷沢の瀬場《せば》集落から月山へ登る登拝道が描かれている。

最上川に面する角川口の奥には、今神《いまがみ》温泉という月山ゆかりの霊湯があり、冷泉につかりながら、阿弥陀・薬師・観音に祈ったという(現在は休館中)。かつては月山登拝口としてにぎわったという伝承も残る。

また、六十里越街道は、明治初期に荷車が通行できるように道幅が拡張されたといわれるが、峠をトンネルで抜ける国道が開通すると、利用する人もなくなり廃道となっていた。近年になって湯殿山ホテル入口から峠を越えて志津までの旧街道が復原され、あさひむら観光協会が主催する古道歩きツアーなども企画されており、石畳の残る街道歩きは、歴史ファンを集めている。街道に沿う最奥集落の志津から玄海を経て湯殿山・月山に至るルートについては第四章にも紹介したが、山形県立自然博物園や志津の旅館が主宰する登拝ツアーも企画されている。

最近は食への関心も高い。たとえば庄内地方では、山形大学農学部の江頭宏昌《えがしらひろあき》教授やシェフの奥田政行が中心となって、在来作物の調査研究・活用が盛んである。鶴岡市は日本で唯一、「ユネスコ食文化創造都市」の認定を受けており、その発信拠点として、JR鶴岡駅前の再開発ビル「マリカ」東館一階に「つるおか食文化市場FOODEVER」が二〇一七年七月にオープンした。手向の宿坊でも、婦人たちが連携して、精進料理の日帰り昼食提供を企画するなど、参詣の旅の多様化に対応した動きもみられる。山頂の斎館でも、多彩な精進料理のランチを提供している。

出羽三山に「八方七口」があることは、本書で繰り返し述べてきた。江戸時代には天台宗系と真言宗系の別があり、また現在でも、神道側と仏教側で違いはあろう。しかし、そうした多様性こそが、多くの人々をひきつけてきた理由だと考えられないだろうか。これからも、三山のもとに華ひらく宗教文化を見つめつづけたいものである。

あとがき

本書は、岩波新書編集部の杉田守康さんから、声をかけていただき、実現したものである。まず、企画から編集まで、多大のご尽力をいただいた杉田さんに感謝したい。最初は思いつくままに書き下ろして、原案を執筆してみた。その上で、杉田さんから、多々ご助言をいただき、既往の文献を参照しながら、加筆修正を進めた。原稿依頼から、ほぼ一年足らずで、なんとか脱稿できたことは、杉田さんから絶えず暖かい言葉をかけていただいたおかげである。

修士論文の作成以来、自分自身で歴史地理学・文化地理学の立場から調査研究をおこなってきた範囲は、とても出羽三山の全体には及ばないこともあって、とりわけ、歴史学や宗教学、文化財関係の先学の文献からは多くを学ばせていただいた。ただ、一般読者向けの新書ということもあって、巻末の参考文献は代表的なものにとどめたことを、お許しいただきたい。

なお、引用した史料については、読者の便宜をはかり、意味がわかりやすいように若干の修正を加えた箇所があることをお認めいただきたい。

また、読者の理解を深めるために、できるだけ多くの図表や写真を入れることにした。写真の提供にご協力いただいた、出羽三山神社、鶴岡市羽黒町観光協会、西川町月山朝日観光協会、羽黒山荒澤寺正善院、鶴岡市あさひむら観光協会、大日坊、注連寺、山形県立自然博物園、大蔵村、肘折歴史研究会、山形大学附属図書館、致道博物館、鶴岡市郷土資料館、山形美術館、農村文化研究所、千葉県立中央博物館、前田育徳会、山形県教育委員会、立山芦峅寺大仙坊、芳賀兵左衛門氏、八木浩司山形大学教授、兼古哲也氏、加藤和徳氏、五百沢協子氏、西村春彦氏、宮沢正人氏をはじめとする各位に、厚くお礼申しあげます。

最後に、自分自身のルーツに関わる文章を、どこかで見かけたはずと、いろいろな文献を探索しているうちに、ついに出羽三山神社から刊行された『出羽三山史』の中に見出すことができた。同書には、以下のような記述がみられる。「脇屋義治出羽に逃る　正平二十三年……新田義宗、脇屋義治等は越後にあって時を伺っていたが、武蔵上野の新田方を糾合して七月上野に挙兵したが上杉憲将等に破られ、義宗は戦死し、義治は羽黒の三崎山に隠れた」。新田義宗は義貞の三男で、脇屋義治は義貞の弟である脇屋義助の子息である。

我が家のルーツは、群馬県高崎市岩鼻であると伝えられ、脇屋一族の子孫であるという。もちろん、伝承の域を出ず、史料が残るのは、幕末の京都・亀岡藩士であった時代にすぎない。

この岩鼻の地は、かつて関八州の代官所が置かれた場所で、時代劇にはしばしば登場する。現在は群馬県立歴史博物館が当地に置かれている。先の記述が、どの程度、史実に依拠しているのかは不明であるが、我が先祖が出羽三山と関わりがあったとすれば、本書を執筆した意義もあろう。我が先祖の霊に謹んで本書を捧げたい。

主要参考文献

相原一士「天宥法印追悼句文の成立背景と松尾芭蕉」『村山民俗』三一号、村山民俗学会、二〇一七年。

阿部正己『出羽三山史』山形県、一九四一年(阿部久書店、一九七三年)。

安藤更生『日本のミイラ』毎日新聞社、一九六一年。

五百沢智也『山を歩き山を画く』講談社現代新書、一九八六年。

市川健夫『ブナ帯と日本人』講談社現代新書、一九八七年。

伊藤清郎『霊山と信仰の世界――奥羽の民衆と信仰』吉川弘文館、一九九七年。

岩崎敏夫『東北の山岳信仰』岩崎美術社、一九八四年。

岩崎佳枝ほか校注『七十一番職人歌合　新撰狂歌集　古今夷曲集』新日本古典文学大系61、岩波書店、一九九三年。

岩鼻通明『出羽三山信仰の歴史地理学的研究』名著出版、一九九二年。

岩鼻通明『出羽三山の文化と民俗』岩田書院、一九九六年。

岩鼻通明『出羽三山信仰の圏構造』岩田書院、二〇〇三年。

H・バイロン・エアハート『羽黒修験道』鈴木正崇訳、弘文堂、一九八五年。

大川廣海『出羽三山の四季』新人物往来社、一九八四年。

岡見正雄校注『義経記』日本古典文学大系37、岩波書店、一九五九年。

葛川絵図研究会編『絵図のコスモロジー』上・下、地人書房、一九八八・一九八九年。

金森敦子『「曽良旅日記」を読む――もうひとつの『おくのほそ道』』法政大学出版局、二〇一三年。

川崎利夫『出羽の遺跡を歩く――山形考古の散歩道』高志書院、二〇〇一年。

後藤赳司『出羽三山の神仏分離』岩田書院、一九九九年。

小山弘志・佐藤健一郎校注『謡曲集』1、新編日本古典文学全集58、小学館、一九九七年。

五来重『山の宗教』淡交社、一九七〇年(角川ソフィア文庫、二〇〇八年)。

斎藤茂太・北杜夫『この父にして 素顔の斎藤茂吉』講談社文庫、一九八〇年。

『斎藤茂吉全集』第二七巻、岩波書店、一九七四年。

斎藤茂吉『念珠集』講談社文芸文庫、二〇〇四年。

佐々木高明『日本文化の基層を探る――ナラ林文化と照葉樹林文化』日本放送出版協会、一九九三年。

佐藤弘夫『死者のゆくえ』岩田書院、二〇〇八年。

島津弘海・北村皆雄編著『千年の修験――羽黒山伏の世界』新宿書房、二〇〇五年。

島津伝道『羽黒派修験道提要』光融館、一九三七年(名著出版、一九八五年)。

白根靖大編『東北の中世史3 室町幕府と東北の国人』吉川弘文館、二〇一五年。

鈴木正崇『山岳信仰――日本文化の根底を探る』中公新書、二〇一五年。

田中啓爾『塩および魚の移入路――鉄道開通前の内陸交通』古今書院、一九五七年。

田中秀和『幕末維新期における宗教と地域社会』清文堂出版、一九九七年。

千葉徳爾『新考 山の人生――柳田國男からの宿題』古今書院、二〇〇六年。

月井 剛『戦国期地域権力と起請文』岩田書院、二〇一六年。

出羽三山神社『出羽三山史』出羽三山神社社務所、一九五四年。

戸川安章『出羽三山――歴史と文化』郁文堂書店、一九七三年。

戸川安章解説『羽黒・月山・湯殿 三山雅集』東北出版企画、一九七四年。

戸川安章編『出羽三山と東北修験の研究』名著出版、一九七五年。

戸川安章校注『出羽三山』神道大系神社編三二、神道大系編纂会、一九八二年。

戸川安章『新版 出羽三山修験道の研究』佼成出版社、一九八六年。

戸川安章『出羽修験の修行と生活』佼成出版社、一九九三年。

『戸川安章著作集Ⅰ 出羽三山と修験道』岩田書院、二〇〇五年。

『戸川安章著作集Ⅱ 修験道と民俗宗教』岩田書院、二〇〇五年。

時枝 務『霊場の考古学』高志書院、二〇一四年。

時枝務・長谷川賢二・林淳編『修験道史入門』岩田書院、二〇一五年。

時枝 務『山岳宗教遺跡の研究』岩田書院、二〇一六年。

徳田和夫・菊地仁・錦仁編『講座日本の伝承文学第七巻 在地伝承の世界【東日本】』三弥井書店、一九九九年。

長野　覚『英彦山修験道の歴史地理学的研究』名著出版、一九八七年。

西海賢二『旅する民間宗教者――歓待と忌避のはざまに生きて』岩田書院、二〇一七年。

「日本の食生活全集山形」編集委員会編『聞き書 山形の食事』農山漁村文化協会、一九八八年。

日本ミイラ研究グループ編『日本ミイラの研究』平凡社、一九六九年。

八田幸雄『神々と仏の世界』平河出版社、一九九一年。

早川厚一ほか「『源平盛衰記』全釈(一二―巻四―二)」『名古屋学院大学論集　人文・自然科学篇』第五三巻
第二号、二〇一七年。

原田昌幸『出羽三山――山岳信仰の美術』日本の美術466、至文堂、二〇〇五年。

深谷克己『南部百姓命助の生涯――幕末一揆と民衆世界』岩波現代文庫、二〇一六年。

福江　充『江戸城大奥と立山信仰』法蔵館、二〇一一年。

藤沢周平『春秋山伏記』家の光協会、一九七八年(新潮文庫、一九八四年)。

誉田慶信『中世奥羽の民衆と宗教』吉川弘文館、二〇〇〇年。

松本　昭『増補　日本のミイラ仏』臨川書店、二〇〇二年。

宮家準編纂代表『修験道修行大系』国書刊行会、一九九四年。

宮家　準『羽黒修験――その歴史と峰入』岩田書院、二〇〇〇年。

宮家　準『修験道――その歴史と修行』講談社学術文庫、二〇〇一年。

宮本常一『旅人たちの歴史1　野田泉光院』未来社、一九八〇年。

村山修一『習合思想史論考』塙書房、一九八七年。

森　敦『月山』河出書房新社、一九七四年（『月山　鳥海山』文春文庫、一九七九年）。

安丸良夫『神々の明治維新――神仏分離と廃仏毀釈』岩波新書、一九七九年。

山澤　学「湯殿山山籠木食行者鉄門海の勧化における結縁の形態――酒田海向寺住持期を中心に」地方史研究協議会編『出羽庄内の風土と歴史像』雄山閣、二〇一二年。

渡辺幸任『出羽三山絵日記』杏林堂、二〇〇六年（増補版、二〇一六年）。

渡辺幸任『出羽三山信仰と月山筍』杏林堂漢方薬局、二〇一三年。

図表出典一覧

掲載にあたり，多くの方々からご協力をいただきました．
ここに記して感謝申し上げます．(禁無断転載)

口　絵

(1頁)　羽黒山大鳥居と月山　写真提供：鶴岡市羽黒町観光協会
(2頁)　(上)出羽三山神社三神合祭殿(江戸時代　重要文化財)と鏡池　写真提供：鶴岡市羽黒町観光協会
(下右)羽黒山杉並木と秋の峰入り　写真提供：鶴岡市羽黒町観光協会
(下左)「羽州羽黒三山総絵図」(部分)　寛政3年(1791)　出羽三山神社　著者撮影
(3頁)　(上)湯殿山神社大鳥居と参籠所　写真提供：鶴岡市羽黒町観光協会
(下)雪景色の国宝五重塔　写真提供：鶴岡市羽黒町観光協会
(4頁)　(上)月山神社本宮と鳥海山　撮影：庄内町地域活性化伝道師 兼古哲也氏
(下)月山はさまざまな表情をもつ　写真提供：鶴岡市羽黒町観光協会

はじめに

図0-1　湯殿山スキー場上空から望む月山　撮影：八木浩司氏
図0-2　大井沢から望む湯殿山・姥ヶ岳・月山　写真提供：西川町月山朝日観光協会
図0-3　不動明王像　江戸時代　羽黒山荒澤寺正善院　写真提供：鶴岡市羽黒町観光協会
図0-4　戸隠神社奥社の杉並木　著者撮影
図0-5　慈恩寺本堂　江戸時代初期　重要文化財　著者撮影
図0-6　英彦山神宮奉幣殿　江戸時代初期　重要文化財　著者撮

影

第 1 章

章扉　月山と葉山　撮影：八木浩司氏
図 1-1　立山曼荼羅(大仙坊 A 本)　江戸時代　立山芦峅寺大仙坊　著者撮影
図 1-2　日月五岳図　朝鮮王朝時代　ソウル歴史博物館　著者撮影
図 1-3　正善院黄金堂　鎌倉時代　重要文化財　羽黒山荒澤寺正善院　写真提供：鶴岡市羽黒町観光協会
図 1-4　大鐘(建治元年(1275)　重要文化財)と鐘楼(江戸時代)　著者撮影
図 1-5　経筒　文保 3 年(1319)　出羽三山神社
図 1-6 『七十一番職人歌合』六十一番「山伏・持者」 江戸時代初期　前田育徳会
図 1-7　肘折の「さんげさんげ」 写真提供：大蔵村
図 1-8　蜂子皇子(能除太子)像　伝天宥筆　江戸時代　出羽三山神社
図 1-9　月山行人結衆碑(貞治七年阿弥陀板碑)　貞治 7 年(1368)　個人蔵　写真提供：山形県教育委員会
図 1-10　月山山頂から望む鳥海山　撮影：西村春彦氏／鳥海山と鶴岡市街　著者撮影
図 1-11　鳥海月山両所宮　江戸時代　著者撮影
図 1-12　手向の宿坊「大進坊」 1991 年　著者撮影
図 1-13　天宥別当の両親の供養碑　寛永 18 年(1641)　岩根沢三山神社　写真提供：西川町月山朝日観光協会
図 1-14　出羽三山歴史博物館　写真提供：出羽三山神社
図 1-15　いでは文化記念館　写真提供：鶴岡市羽黒町観光協会

第 2 章

章扉　芭蕉自筆「天宥別当追悼句文」 元禄 2 年(1689)　出羽三山神社
表 1　出羽三山碑の県別分布　出典：岩鼻『出羽三山信仰の歴史

地理学的研究』92-93頁を簡略化
図2-1　湯殿山碑　江戸時代　米沢市綱木地区　著者撮影／三山碑　江戸時代　上山市小穴地区／八日塔　江戸時代　上山市小穴地区　写真提供：加藤和徳氏
図2-2　三山碑　1996年　木更津市有吉地区　写真所蔵：千葉県立中央博物館
図2-3　出羽三山周辺概略図　出典：岩鼻『出羽三山信仰の歴史地理学的研究』14頁　修整作図：前田茂実氏
表2　八方七口　出典：岩鼻『出羽三山信仰の歴史地理学的研究』15頁
図2-4　檀那場分布の例　出典：岩鼻『出羽三山信仰の歴史地理学的研究』26，28頁
図2-5　藤沢周平『春秋山伏記』初版　1978年　家の光協会(装丁村上豊氏)　著者蔵
図2-6　与謝蕪村「奥の細道図屏風」六曲一隻　安永8年(1779)　重要文化財／芭蕉自筆短冊(「出羽三山短冊」三幅のうち)　元禄2年(1689)　山形美術館・㊓長谷川コレクション
図2-7　羽黒山南谷　写真提供：鶴岡市羽黒町観光協会
図2-8　『三山雅集』　江戸時代後期　芳賀兵左衛門氏蔵
図2-9　置賜地方に残る行屋　明治時代　重要有形民俗文化財　農村文化研究所　著者撮影
図2-10　三山参詣ルートの例　出典：岩鼻『出羽三山信仰の歴史地理学的研究』197，201，203頁　修整作図：前田茂実氏
図2-11　鈴木清三郎義満「最上庄内越後道中記」天保14年(1843)　山形大学附属図書館　著者撮影
表3　湯殿山各口参拝人員(1879年)　出典：岩鼻『出羽三山信仰の歴史地理学的研究』34-35頁を簡略化
図2-12　供養塚　寛永7年(1630)　市原市青柳台地区／梵天　木更津市中島地区／梵天　市原市上高根地区　写真所蔵：千葉県立中央博物館

第3章
章扉　秋の峰入り　写真提供：鶴岡市羽黒町観光協会

図 3-1　花祭り　写真提供：鶴岡市羽黒町観光協会
図 3-2　月山柴燈祭　写真提供：出羽三山神社
図 3-3　羽黒修験の出で立ち　いでは文化記念館　写真提供：鶴岡市羽黒町観光協会
図 3-4　三鈷沢に向かう秋の峰の修行者たち　撮影：西村春彦氏
図 3-5　東補陀落　撮影：黒田晃弘氏
図 3-6　八朔祭　写真提供：鶴岡市羽黒町観光協会
図 3-7　松の勧進　写真提供：出羽三山神社
図 3-8　松例祭　重要無形民俗文化財　写真提供：鶴岡市羽黒町観光協会
図 3-9　引き綱　いでは文化記念館　写真提供：鶴岡市羽黒町観光協会

第 4 章

章扉　羽黒山五重塔　南北朝時代　国宝　写真提供：鶴岡市羽黒町観光協会
図 4-1　羽黒山内図　作図：前田茂実氏
図 4-2　荒沢寺山門(旧常火堂山門)　江戸時代　羽黒山荒澤寺正善院　著者撮影
図 4-3　荒沢寺女人禁制碑　江戸時代　羽黒山荒澤寺正善院　著者撮影
図 4-4　吹越峰中籠堂前の入峰碑伝　安土桃山〜江戸時代　著者撮影
図 4-5　鏡池出土古鏡　平安〜室町時代　出羽三山神社
図 4-6　霊祭殿と東日本大震災犠牲者慰霊之塔　著者撮影
図 4-7　蜂子神社　江戸時代後期　著者撮影
図 4-8　羽黒山参籠所斎館(旧華蔵院)　江戸時代　著者撮影
図 4-9　祓川橋と須賀の滝　写真提供：鶴岡市羽黒町観光協会
図 4-10　随神門(旧仁王門)　江戸時代　著者撮影
図 4-11　三山の主要登拝ルート　国土地理院「電子地形図 25000」をもとに編集部作図
図 4-12　太刀　銘「月山」　南北朝時代　重要美術品　出羽三山神社

図 4-13　弥陀ヶ原　写真提供：鶴岡市羽黒町観光協会
図 4-14　行者返し　撮影：八木浩司氏
図 4-15　月山にあった山小屋　いでは文化記念館　写真提供：鶴岡市羽黒町観光協会
図 4-16　念仏ヶ原　写真提供：大蔵村
図 4-17　かつての肘折温泉　写真提供：肘折歴史研究会／現在の「ひじおりの灯」風景　写真提供：大蔵村
図 4-18　岩根沢三山神社(旧日月寺)本殿　江戸時代　重要文化財　写真提供：西川町月山朝日観光協会
図 4-19　日月寺発行の修験免許状　慶応元年(1865)　五百沢智也氏蔵　著者撮影
図 4-20　口之宮湯殿山神社(旧本道寺)　写真提供：西川町月山朝日観光協会
図 4-21　月山胎内岩　著者撮影
図 4-22　六十里越街道　弓張平～志津付近　写真提供：西川町月山朝日観光協会
図 4-23　かつての玄海小屋　写真提供：山形県立自然博物園／玄海の石碑群　著者撮影
図 4-24　昭和初期の志津「つたや旅館」と，現在の「雪旅籠の灯り」風景　写真提供：西川町月山朝日観光協会
図 4-25　大井沢大日寺跡(現湯殿山神社)　写真提供：西川町月山朝日観光協会
図 4-26　装束場　大正 10 年(1921)頃　写真提供：鶴岡市羽黒町観光協会
図 4-27　湯殿山本宮方向から大鳥居を望む　編集部撮影
図 4-28　田麦俣の多層民家「旧渋谷家住宅」 江戸時代後期　重要文化財　致道博物館　著者撮影
図 4-29　大日坊仁王門　湯殿山瀧水寺大日坊　写真提供：鶴岡市あさひむら観光協会
図 4-30　湯殿山注連寺　写真提供：鶴岡市あさひむら観光協会
図 4-31　出羽一国之絵図(部分)　正保国絵図の写本　致道博物館　著者撮影
図 4-32，33，35，38，39　三山一枚絵図　江戸時代後期　芳賀

兵左衛門氏蔵
図 4-34　立山曼荼羅(大仙坊 A 本，部分)　江戸時代　立山芦峅寺大仙坊／布橋灌頂会　著者撮影
図 4-36　手向の参詣人案内所　著者撮影
図 4-37　お竹大日像　嘉永 2 年(1849)　羽黒山荒澤寺正善院　写真提供：鶴岡市羽黒町観光協会

第 5 章
章扉　十王峠から望む月山　編集部撮影
表 4　庄内地方の行人碑　出典：岩鼻『出羽三山信仰の歴史地理学的研究』56 頁
図 5-1　湯殿山碑　文化 9 年(1812)　岩手県二戸市九戸城址　著者撮影
図 5-2　真如海上人の祈禱修行案内状と護符　江戸～明治時代　熊出菅原家文書　鶴岡市郷土資料館　著者撮影

第 6 章
章扉　月山筍　写真提供：鶴岡市羽黒町観光協会
図 6-1　手向の宿坊の精進料理　写真提供：鶴岡市羽黒町観光協会
図 6-2　岩根沢の六浄とうふ　写真提供：西川町月山朝日観光協会
図 6-3　月山の山小屋の食事　いでは文化記念館　写真提供：鶴岡市羽黒町観光協会
図 6-4　大笈酒　写真提供：鶴岡市羽黒町観光協会

【参考】出羽三山地域の主な観光協会など
鶴岡市羽黒町観光協会　http://hagurokanko.jp
鶴岡市あさひむら観光協会　http://www.asahi-kankou.jp
西川町月山朝日観光協会　http://www.gassan-info.com
庄内町観光協会　http://www.navishonai.jp
大蔵村観光協会　http://www.hijiorionsen.jp/kankou_kyoukai/
鶴岡市観光連盟　https://www.tsuruokakanko.com

山形県立自然博物園（ネイチャーセンター）
http://gassan-bunarin.jp
月山ビジターセンター　http://gassan.jp

岩鼻通明

1953年 大阪府生まれ
1981年 京都大学大学院文学研究科地理学修士課程修了．博士(文学)
現在 ― 山形大学名誉教授，同大学庄内地域文化研究所所員
専攻 ― 文化地理学・宗教民俗学
著書 ―『出羽三山信仰の歴史地理学的研究』(名著出版)
『出羽三山の文化と民俗』(岩田書院)
『出羽三山信仰の圏構造』(岩田書院)
『韓国・伝統文化のたび』(ナカニシヤ出版)
『絵図と映像にみる山岳信仰』(海青社)
『北日本中世史の研究』(共著，吉川弘文館)
『中世出羽の宗教と民衆』(共著，高志書院) ほか

出羽三山 山岳信仰の歴史を歩く 岩波新書(新赤版)1681

2017年10月20日 第1刷発行
2023年1月25日 第6刷発行

著 者 岩鼻通明《いわはなみちあき》

発行者 坂本政謙

発行所 株式会社 岩波書店
〒101-8002 東京都千代田区一ツ橋 2-5-5
案内 03-5210-4000 営業部 03-5210-4111
https://www.iwanami.co.jp/

新書編集部 03-5210-4054
https://www.iwanami.co.jp/sin/

印刷・精興社 カバー・半七印刷 製本・中永製本

ISBN 978-4-00-431681-7 Printed in Japan

岩波新書新赤版一〇〇〇点に際して

ひとつの時代が終わったと言われて久しい。だが、その先にいかなる時代を展望するのか、私たちはその輪郭すら描きえていない。二〇世紀から持ち越した課題の多くは、未だ解決の緒を見つけることのできないままであり、二一世紀が新たに招きよせた問題も少なくない。グローバル資本主義の浸透、憎悪の連鎖、暴力の応酬――世界は混沌として深い不安の只中にある。

現代社会においては変化が常態となり、速さと新しさに絶対的な価値が与えられた。消費社会の深化と情報技術の革命は、種々の境界を無くし、人々の生活やコミュニケーションの様式を根底から変容させてきた。ライフスタイルは多様化し、一面では個人の生き方をそれぞれが選びとる時代が始まっている。同時に、新たな格差が生まれ、様々な次元での亀裂や分断が深まっている。社会や歴史に対する意識が揺らぎ、普遍的な理念に対する根本的な懐疑や、現実を変えることへの無力感がひそかに根を張りつつある。そして生きることに誰もが困難を覚える時代が到来している。

しかし、日常生活のそれぞれの場で、自由と民主主義を獲得し実践することを通じて、私たち自身がそうした閉塞を乗り超え、希望の時代の幕開けを告げてゆくことは不可能ではあるまい。そのために、いま求められていること――それは、個と個の間で開かれた対話を積み重ねながら、人間らしく生きることの条件について一人ひとりが粘り強く思考することではないか。その営みの糧となるものが、教養に外ならないと私たちは考える。歴史とは何か、よく生きるとはいかなることか、世界そして人間はどこへ向かうべきなのか――こうした根源的な問いとの格闘が、文化と知の厚みを作り出し、個人と社会を支える基盤としての教養となった。まさにそのような教養への道案内こそ、岩波新書が創刊以来、追求してきたことである。

岩波新書は、日中戦争下の一九三八年一一月に赤版として創刊された。創刊の辞は、道義の精神に則らない日本の行動を憂慮し、批判的精神と良心的行動の欠如を戒めつつ、現代人の現代的教養を刊行の目的とする、と謳っている。以後、青版、黄版、新赤版と装いを改めながら、合計二五〇〇点余りを世に問うてきた。そして、いままた新赤版が一〇〇〇点を迎えたのを機に、人間の理性と良心への信頼を再確認し、それに裏打ちされた文化を培っていく決意を込めて、新しい装丁のもとに再出発したいと思う。一冊一冊から吹き出す新風が一人でも多くの読者の許に届くこと、そして希望ある時代への想像力を豊かにかき立てることを切に願う。

（二〇〇六年四月）

岩波新書より

日本史

上杉鷹山　「富国安民」の政治　小関悠一郎
藤原定家『明月記』の世界　村井康彦
性からよむ江戸時代　沢山美果子
景観からよむ日本の歴史　金田章裕
律令国家と隋唐文明　大津透
伊勢神宮と斎宮　西宮秀紀
百姓一揆　若尾政希
給食の歴史　藤原辰史
大化改新を考える　吉村武彦
江戸東京の明治維新　横山百合子
戦国大名と分国法　清水克行
東大寺のなりたち　森本公誠
武士の日本史　高橋昌明
五日市憲法　新井勝紘
後醍醐天皇　兵藤裕己
茶と琉球人　武井弘一

近代日本一五〇年　山本義隆
語る歴史、聞く歴史　大門正克
義経伝説と為朝伝説　日本史の北と南　原田信男
出羽三山　山岳信仰の歴史を歩く　岩鼻通明
日本の歴史を旅する　五味文彦
一茶の相続争い　高橋敏
鏡が語る古代史　岡村秀典
日本の近代とは何であったか　三谷太一郎
戦国と宗教　神田千里
古代出雲を歩く　平野芳英
自由民権運動　〈デモクラシー〉の夢と挫折　松沢裕作
風土記の世界　三浦佑之
京都の歴史を歩く　小林丈広・高木博志・三枝暁子
蘇我氏の古代　吉村武彦
昭和史のかたち　保阪正康
「昭和天皇実録」を読む　原武史
生きて帰ってきた男　小熊英二

遺骨　戦没者三一〇万人の戦後史　栗原俊雄
在日朝鮮人　歴史と現在　水野直樹・文京洙
京都〈千年の都〉の歴史　高橋昌明
唐物の文化史◆　河添房江
小林一茶　時代を詠んだ俳諧師　青木美智男
信長の城　千田嘉博
出雲と大和　村井康彦
女帝の古代日本　吉村武彦
秀吉の朝鮮侵略と民衆　北島万次
コロニアリズムと文化財　荒井信一
特高警察　荻野富士夫
朝鮮人強制連行　外村大
古代国家はいつ成立したか　都出比呂志
渋沢栄一　社会企業家の先駆者　島田昌和
漆の文化史　四柳嘉章
平家の群像　物語から史実へ　高橋昌明
シベリア抑留　栗原俊雄

(2021.10)　◆は品切，電子書籍版あり．(N1)

岩波新書より

アマテラスの誕生　溝口睦子
遣唐使　東野治之
戦艦大和 生還者たちの証言から　栗原俊雄
中世日本の予言書　小峯和明
歴史のなかの天皇◆　吉田孝
沖縄現代史〔新版〕　新崎盛暉
刀狩り　藤木久志
戦後史　中村政則
明治デモクラシー　坂野潤治
環境考古学への招待　松井章
源義経　五味文彦
明治維新と西洋文明　田中彰
奈良の寺　奈良文化財研究所編
西園寺公望　岩井忠熊
日本の軍隊　吉田裕
聖徳太子　吉村武彦
東西／南北考　赤坂憲雄
江戸の見世物　川添裕
日本文化の歴史　尾藤正英

熊野古道◆　小山靖憲
日本の神々　谷川健一
南京事件　笠原十九司
日本社会の歴史 上・中・下　網野善彦
神仏習合　義江彰夫
従軍慰安婦　吉見義明
中世に生きる女たち　脇田晴子
考古学の散歩道　田中琢、佐原真
武家と天皇　今谷明
中世倭人伝　村井章介
琉球王国　高良倉吉
昭和天皇の終戦史　吉田裕
幻の声 NHK広島8月6日　白井久夫
西郷隆盛　猪飼隆明
象徴天皇制への道　中村政則
正倉院　東野治之
軍国美談と教科書　中内敏夫
日中アヘン戦争　江口圭一

青鞜の時代　堀場清子
子どもたちの太平洋戦争　山中恒
江戸名物評判記案内　中野三敏
国防婦人会　藤井忠俊
日本文化史〔第二版〕　家永三郎
平将門の乱　福田豊彦
日本中世の民衆像◆　網野善彦
神々の明治維新　安丸良夫
戒厳令　大江志乃夫
漂海民　羽原又吉
真珠湾・リスボン・東京　森島守人
陰謀・暗殺・軍刀　森島守人
東京大空襲　早乙女勝元
兵役を拒否した日本人　稲垣真美
演歌の明治大正史　添田知道
天保の義民　松好貞夫
太平洋海戦史〔改訂版〕　高木惣吉
太平洋戦争陸戦概史　林三郎
近衛文麿　岡義武

世界史

- スペイン史10講　立石博高
- ヒトラー　芝　健介
- ユーゴスラヴィア現代史〔新版〕　柴　宜弘
- 東南アジア史10講　古田元夫
- チャリティの帝国　金澤周作
- 太平天国　菊池秀明
- ドイツ統一　アンドレアス・レダー　板橋拓己訳
- 人口の中国史　上田　信
- カエサル　小池和子
- 世界遺産　中村俊介
- 奴隷船の世界史　布留川正博
- 独ソ戦　絶滅戦争の惨禍　大木　毅
- イタリア史10講　北村暁夫
- フランス現代史　小田中直樹
- 移民国家アメリカの歴史　貴堂嘉之
- フィレンツェ　池上俊一

- マーティン・ルーサー・キング　黒﨑　真
- ナポレオン　杉本淑彦
- ガンディー　平和を紡ぐ人　竹中千春
- イギリス現代史　長谷川貴彦
- ロシア革命　破局の8か月　池田嘉郎
- 天下と天朝の中国史　檀上　寛
- 孫文　深町英夫
- 古代東アジアの女帝　入江曜子
- 新・韓国現代史　文　京洙
- ガリレオ裁判　田中一郎
- 人間・始皇帝　鶴間和幸
- 袁世凱　岡本隆司
- 二〇世紀の歴史　木畑洋一
- イギリス史10講　近藤和彦
- 植民地朝鮮と日本　趙　景達
- シルクロードの古代都市　加藤九祚
- 中華人民共和国史〔新版〕　天児　慧
- 物語 朝鮮王朝の滅亡◆　金　重明

- 新・ローマ帝国衰亡史　南川高志
- 近代朝鮮と日本　趙　景達
- マヤ文明　青山和夫
- 北朝鮮現代史◆　和田春樹
- 四字熟語の中国史　冨谷　至
- 李鴻章　岡本隆司
- 新しい世界史へ　羽田　正
- パル判事　中里成章
- グランドツアー　18世紀イタリアへの旅　岡田温司
- マルコムX　荒このみ
- パリ　都市統治の近代　喜安　朗
- ノモンハン戦争　モンゴルと満洲国　田中克彦
- 中国という世界　竹内　実
- ウィーン　都市の近代　田口　晃
- 紫禁城　入江曜子
- ジャガイモのきた道　山本紀夫
- 北京　春名　徹
- 創氏改名　水野直樹